基础会计实务

(第2版)

主　编　曹　蕊　常　虹

副主编　赵建素　郝翠玲　田　杨

张　丹　刘明霞　杨　培

主　审　金　春　王　忖

北京理工大学出版社

BEIJING INSTITUTE OF TECHNOLOGY PRESS

内 容 简 介

《基础会计实务（第 2 版）》按照中等职业学校人才培养目标和会计事务专业教学标准编写，突出了职业性、实践性和开放性。全书共分七个项目，分别为认识会计、填制与审核原始凭证、填制与审核记账凭证、设置与登记会计账簿、开展财产清查、编制和报送财务报表和综合模拟实务。

本书基于工作过程和任务驱动重新整合教学内容，从实际工作过程出发来设计教学内容、实训环节等，并结合手工记账实训课程和最新税费政策有关规定编写而成。充分考虑了会计行业入门者上岗时所必备的基础操作技能和方法，突出了会计职业能力的培养及职业素质的养成。

本书定位精准，主要服务于中等职业学校财经商贸大类会计相关专业，作为技能实训教材，助力中职学生提升专业技能，为职教高考和进阶职业教育筑牢基础。此外，它也是会计实务操作的入门教材，适用于自考生与社会培训机构，能满足不同人群会计学习需求，提供知识与实践指导。

图书在版编目(CIP)数据

基础会计实务 / 曹蕊，常虹主编. -- 2 版.
北京：北京理工大学出版社，2024. 3.
ISBN 978-7-5763-4170-6
Ⅰ. F233
中国国家版本馆 CIP 数据核字第 2024CQ0017 号

责任编辑：王晓莉　　**文案编辑**：王晓莉
责任校对：刘亚男　　**责任印制**：施胜娟

出版发行 / 北京理工大学出版社有限责任公司
社　　址 / 北京市丰台区四合庄路 6 号
邮　　编 / 100070
电　　话 / (010) 68914026（教材售后服务热线）
(010) 63726648（课件资源服务热线）
网　　址 / http://www.bitpress.com.cn

版 印 次 / 2024 年 3 月第 2 版第 1 次印刷
印　　刷 / 定州启航印刷有限公司
开　　本 / 889mm×1194mm　1/16
印　　张 / 15
字　　数 / 288 千字
定　　价 / 46.00 元

前言
PREFACE

坚持以习近平新时代中国特色社会主义思想为指导，紧密结合二十大报告的最新精神，以培养担当民族复兴大任的时代新人为己任，严格落实中国式现代化的要求、推进高质量教育体系发展、坚持为党育人、为国育才，守正创新，努力办好人民满意的教育。在此背景下，教材编写团队对《基础会计实务》及时进行了更新完善，以学生为主体，通过价值观引领、知识探究、技能训练和职业能力培养四位一体设计理念，达到全过程全方位培养适应时代发展的高素质财会人才目标。

“基础会计实务”是中职财经商贸类专业的一门核心课程。通过对会计基本知识、方法和技能的学习，使学生熟悉会计核算工作流程，掌握会计“证、账、表”实务操作技能，遵守会计职业道德规范，具备职业判断能力，成为具有工匠精神、创新思维、诚信意识的技术技能人才。同时依托校内教学场所和校外企业基地，通过校内模拟实训和企业实训相结合的方式，体现职业性、实践性和开放性的要求，实现工学交替、课堂与实习地点的一体化。

本书具有以下特点：

1. 注重课程思政的有机融合，深入挖掘学科思政元素和育人价值，使学生具备新时代会计人员应有的良好职业道德，把精益求精的工匠精神、劳模精神和服务创新意识等有机融合，达到课程思政与技能学习相辅相成的效果。

2. 打破传统学科授课教学模式，将“基础会计”和“会计手工实训”课程整合，进行项目式任务化教学，课程内容和教学活动始终围绕会计岗位的实际工作展开，确保学生所学具有高度的实用性和针对性。这是一本以岗位工作流程为项目，以岗位技能为任务，知识与能力训练相结合的“教、学、做”一体化的新型实用教材。

3. 教材的编写基于工作过程下的“任务驱动”模式，每个任务包括“任务目标”“知识精讲”和“任务实施”三部分，穿插“点睛指导”“知识拓展”“思考练习”“职业能力训

练”“素养课堂”和“项目评价”等内容，充分体现理实一体、讲练结合的教学目标。

4. 截至2023年12月31日，结合国家发布并开始在一般企业实施的《企业会计准则》以及开始实施的最新会计、金融、税务等财经类法规、制度等编写。

5. 依据职业能力要求和典型工作任务开发了在教学中运用的全部电子教案。充分利用多媒体教学的图、形、声等特点，使课堂教学丰富生动，易懂易记；充分利用微课小视频，结合生活实例，通过问题引导，向学生展示重点和难点问题，将枯燥的账务处理变得生动形象，极大提高学生学习的积极性。

6. 为全面推进校企协同育人，产学研用深度融合，将课程内容与行业标准、生产流程、项目开发等产业需求紧密对接，将生产一线的经验数据和优秀实践成果纳入教材。在本书编写过程中，参编团队通过多次企业调研和实践，深入到河北钢铁集团石家庄钢铁有限责任公司、河北北国先天下广场有限责任公司、石家庄四药集团、石家庄益安财务咨询有限公司、石家庄万信达会计事务所有限公司、石家庄市佑助商贸有限公司、石家庄高新区联合石化公司等企业进行顶岗实习，了解就业市场最新需求并紧密结合生产实际，创设学习情境，设计实训内容和教学方法。

本书由石家庄财经商贸学校曹蕊担任第一主编，邯郸市峰峰矿区职业技术教育中心常虹担任第二主编，石家庄财经商贸学校赵建素、郝翠玲、田杨、张丹、杨培及邯郸市峰峰矿区职业技术教育中心刘明霞担任副主编，石家庄财经商贸学校芦睿娟、陈镜、庞翠、王曼及河北钢铁集团石家庄钢铁有限责任公司刘一帆、石家庄高新区联合石化公司李纯参与编写。具体编写分工如下：常虹负责项目一、项目二的编写，郝翠玲负责项目三的编写，刘明霞负责项目四的编写，张丹负责项目五的编写，田杨负责项目六的编写，曹蕊负责项目七的编写。另外，全书知识与技能点的编写由曹蕊负责，具体案例由常虹进行审核校对，曹蕊、芦睿娟、陈镜、庞翠、王曼、田杨、张丹、刘明霞为本书提供了微课资源，赵建素、杨培负责进行课程思政元素的设计和审核，石家庄学院金春教授和河北女子职业技术学院王忖副教授主审。本书在编写过程中得到了大连爱丁云教育科技有限公司的大力支持，河北钢铁集团石家庄钢铁有限责任公司财务部部长袁玉涛作为校企合作审核专家、财务部会计科科长刘一帆和石家庄高新区联合石化公司计财部副主任李纯作为校企合作顾问协助完成编写工作，在此深表感谢。

由于编者水平有限，教材中难免存在疏漏和不足之处，敬请读者批评指正。

编　者

目 录
CONTENTS

项目一

认识会计

项目导航

本项目介绍企业的概念、类型、经营过程、会计机构，以及会计的概念、基本职能、特点和相关会计核算等内容。希望大家在掌握会计基本理论的同时，更好地掌握从事会计工作的技术技巧。作为在校会计专业的学生，还应学会规划自己的会计人生，在成长中不断提高自身的专业技术水平和职业素养，树立良好的会计职业道德风尚，积极践行党的二十大精神，主动为经济高质量发展提供有力支撑。

职业能力目标

1. 理解并掌握会计的概念、基本职能和特点。
2. 理解会计核算方法体系中的七个具体方法之间的联系。
3. 掌握会计基本前提、会计核算基础和会计信息的质量要求，能熟练应用到简单经济业务的会计处理上。

职业素养目标

理解并掌握会计人员的职业道德，具有敬业精神、团队合作精神和良好的职业道德。

任务一　了解企业与会计机构

企业是从事生产、流通、服务等经济活动的经济组织。工业企业是最具典型性的一个门类，也称为制造业，是国民经济的基础产业。不同类型和规模的企业，其组织机构和基本业务流程各有不同。企业必须建立会计工作组织，设立会计机构，配备专职会计人员。学习时，我们要了解企业与会计机构，为今后学习会计并从事会计工作奠定基础。

一、企业的含义

（一）企业的概念

企业是指以营利为目的，运用各种生产要素，并在承担风险的条件下，从事生产、流通和服务性经济活动，实行自主经营、自负盈亏、独立核算、依法成立的具有法人资格的经济实体。其具体特征如下：

（1）企业是社会组织，具有社会性和组织性。

（2）企业是从事商品经营活动的社会组织，具有商品性和经济管理性。

（3）企业是实行自主经营和自负盈亏的社会组织，具有自主性和自律性。

（4）企业是依法设立的社会组织，具有法定性。

在实务工作中，企业的设立通常由专门的咨询机构协助进行，也可以自己办理全部业务，但手续非常繁杂，而且要事先了解相关的各种法律法规。

（二）企业的类型

企业的类型按照产业划分为以下几种：

（1）农业企业。农业企业是指从事农、林、牧、副、渔业等生产经营活动，具有较高的商品率，实行自主经营、独立核算，具有法人资格的营利性经济组织，如家庭农场、合作农场、公司农场等。

（2）工业企业。工业企业是指从事工业生产经营活动或提供工业性劳务的经济组织，涉及采掘业、制造业、建筑业等，如钢铁厂、化肥厂、炼油厂、飞机制造厂等。

（3）服务企业。服务企业是指从事第三产业的企业。第三产业主要涉及商业、金融、邮

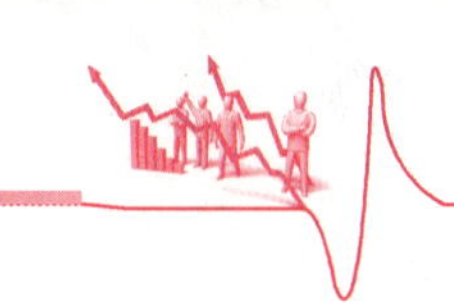

电、信息、运输、旅游、科技、文化、医疗等，即日常生活中所涉及的。例如，交电话费要去的电信局，买东西要去的超市，取钱要去的银行，旅游要坐的车、要去的景点，继续深造时去的教育培训机构等都是服务企业，如联通/移动营业厅、乐仁堂药房、各大旅行社。

（三）企业的经营过程

工业企业资金运动过程如图 1-1 所示。

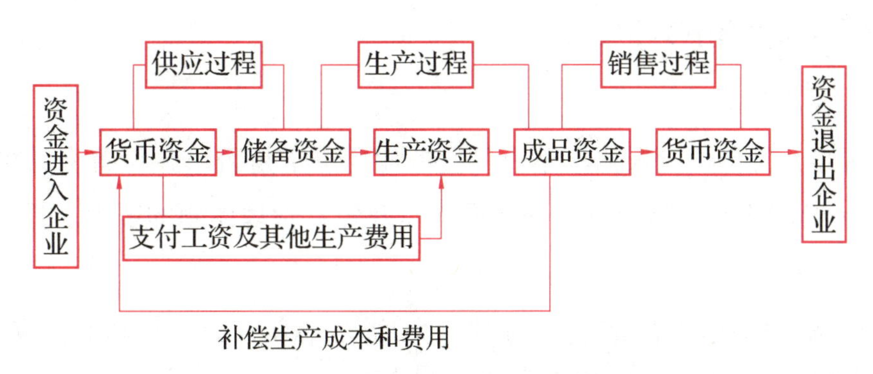

图 1-1 工业企业资金运动图过程

1. 供应阶段

企业的筹资方式

供应阶段是生产的准备阶段，此阶段企业运用筹集到的资金（现金或银行存款）购买各种原料，以备生产，所以供应阶段主要发生的经济业务有以下几方面：

（1）资金的筹集。

（2）因购买材料、固定资产发生的货款结算。

（3）核算采购成本、材料入库等。

2. 生产阶段

生产阶段是制造业的中心环节，此阶段工人利用劳动手段（厂房、机器设备等）对劳动对象（材料）进行加工，生产出半成品或产成品，产成品入库，为销售做好准备，所以生产阶段主要发生的经济业务有以下几方面：

（1）材料的消耗、机器设备的磨损，以及发生的水费、电费等。

（2）支付工资、奖金等福利报酬。

（3）核算生产成本（直接费用和间接费用）。

3. 销售阶段

销售阶段是生产的最后环节，企业将生产的产品通过市场销售换回货币，然后将货币进行分配，投入下一轮的生产周转中，所以销售阶段主要发生的经济业务有以下几方面：

（1）商品销售、货款结算。

（2）销售费用的发生、税费的交纳。

（3）利润的形成和分配等。

二、会计机构和会计人员

会计机构是企业、行政事业单位组织处理会计工作的职能部门。《中华人民共和国会计法》（以下简称《会计法》）规定：各单位应当根据会计业务的需要设置会计机构或者在有关机构中设置会计人员并指定会计主管人员；不具备设置条件的，应当委托经批准设立从事会计代理记账业务的中介机构代理记账。

（一）会计机构的设置

《会计法》规定，各单位应根据本单位的业务需要决定是否单独设置会计机构。一般取决于单位规模大小、经济业务和财务收支的繁简，以及经营管理体制的要求。具体要求如下：

1. 单独设置会计机构

单独设置会计机构是指单位依法设置独立负责会计事务的内部机构，负责进行会计核算，实行会计监督，拟定本单位办理会计事务的具体办法，参与拟定经济计划、业务计划，考核、分析预算、财务计划的执行情况，办理其他会计事务等。会计机构内部应当建立稽核制度。

2. 有关机构中配置专职会计人员

不具备单独设置会计机构条件的单位，应当在有关机构中配置专职会计人员，并指定会计主管人员。会计主管人员是指在不单独设置会计机构的单位中，负责组织管理会计事务、行使会计机构负责人职权的负责人。

3. 实行代理记账

没有设置会计机构且未配置会计人员的单位，应当根据《代理记账管理办法》委托会计师事务所或持有代理记账许可证书的其他代理记账机构进行代理记账。

（二）会计工作的岗位

会计工作岗位的要求如下：

（1）会计工作岗位包括会计机构负责人或会计主管、出纳、稽核、资本资金核算、财产物资核算、收入支出核算、债权债务核算、工资核算、成本费用核算、财务成果核算、总账报表、会计档案管理等。

（2）会计工作岗位，可以一人一岗、一人多岗或一岗多人。凡是涉及款项和财务收付、结算及登记的工作，必须由两人或两人以上分工办理，以起到相互制约的作用。出纳不得兼任稽核、会计档案保管和收入、费用及债权债务账目的登记工作；出纳以外的人员不得经管库存现金和各种有价证券。

（3）会计人员的工作岗位应进行定期轮岗。

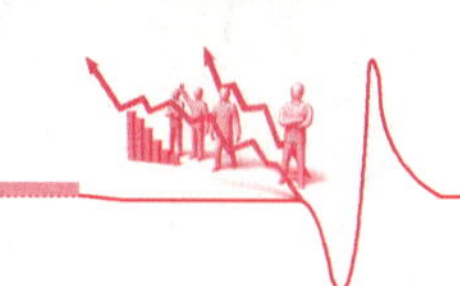

（三）会计人员

1. 会计人员任职资格

（1）总会计师。

（2）会计机构负责人或会计主管。

（3）一般会计人员。

2. 会计人员的职责

（1）依法进行会计核算。

（2）有效地实施会计监督。

（3）拟订本单位办理各项经济业务的具体办法。

（4）参与拟订本单位经济计划、财务计划、编制预算、考核、分析财务计划的执行情况。

（5）妥善、完整地保管好各种会计档案资料，办理其他会计事务。

3. 会计人员的职业道德

①敬业爱岗。②诚实守信。③廉洁自律。④客观公正。⑤坚持准则。⑥提高技能。⑦参与管理。⑧强化服务。

现阶段，我国会计人员职业道德要求总结提炼为三条核心表述，简称“三坚三守”，即“坚持诚信，守法奉公”“坚持准则，守责敬业”“坚持学习，守正创新”。

任务实施

★案例资料

某企业是一个小型企业，因职员少，领导安排公司的出纳小李兼任单位的档案管理工作。某日，单位会计老王因病住院，请假半年，领导决定由出纳小李暂时接替老王的工作，直到老王康复。这样的做法对吗?

★问题解析

该做法出现两处错误。一是出纳小李不得兼任单位的档案管理工作。会计机构的内部稽核制度要求，出纳人员不得兼任稽核、会计档案保管和收入、费用及债权债务账目的登记工作。二是出纳小李不能暂时接替老王的工作。会计机构的内部牵制制度要求，凡是涉及款项和财物收付、结算及登记的工作，必须由两人或两人以上分工办理，以避免会计核算中出现会计差错，以及弄虚作假、徇私舞弊等行为。

职业能力训练

1. 判断题（下列答案中正确的打“√”，错误的打“×”）

（1）企业生产经营活动的目的是获取利润。（　　）

（2）我国会计人员实行定岗定编，会计岗位可以一人一岗或一岗多人，不得设置一人多岗，这主要是为了执行内部牵制制度。（　　）

（3）企事业单位任用会计人员应当执行回避原则，会计主管人员的直系亲属不得在本单位会计机构中担任出纳工作。（　　）

2. 选择题（下列答案中有一项或者多项是正确的）

（1）企业的经营过程分为供应过程、（　　）和销售过程三个阶段。

A. 筹集过程　　B. 生产过程　　C. 运输过程　　D. 利润过程

（2）一个单位是否需要设置会计机构，一般取决于（　　）。

A. 单位领导个人意愿　　B. 单位规模的大小

C. 经济业务和财务收支的繁简　　D. 经营管理的体制

（3）“常在河边走，就是不湿鞋”，这句话体现的会计职业道德要求是（　　）。

A. 诚实守信　　B. 廉洁自律　　C. 坚持准则　　D. 提供技能

3. 任务实训

（1）结合你所了解的某一实体企业，口述其类型与经营过程。

（2）由3~5人组建一支观摩小分队，到邻近企业了解企业会计机构的设置与岗位职责。

任务二　掌握会计的概念、职能和特征

任务目标

经济越发展，会计越重要。在现代市场经济和现代企业制度环境下，会计在保护财产和产权安全、落实经济责任、有效配置经济资源、合理分配经济利益等方面发挥越来越重要的作用。学习时，我们要理解并掌握会计的概念、职能和特征，为学习会计基本知识夯实基础。

知识精讲

一、会计的概念

会计是以货币为主要计量单位，采用专门方法和程序，对企业和行政、事业单位的经济活动过程及其结果进行准确、完整、连续、系统的核算和监督，以如实反映受托责任履行情况和提供有用经济信息为主要目的的经济管理活动。

二、会计的职能

会计的职能是指会计在经济活动及其管理过程中所具有的功能。会计核算和会计监督是会计的两项基本职能，还具有预测经济前景、参与经济决策和评价经营业绩等拓展职能。

（一）会计的核算职能

会计的核算职能也称反映职能，是指以货币为主要计量单位，对特定主体的经济活动进行确认、计量、记录和报告，贯穿于经济活动的全过程，是会计最基本的职能。会计核算职能具有以下三个特点：

1. 以货币作为主要计量尺度

在各单位，凡能用货币来表现的经济活动，都要通过会计进行核算和管理。会计从价值量和数量上记录和计算各单位日常发生的各种经济活动，一般采用货币量度、实物量度和劳动量度三种计量尺度。

2. 以真实、合法的原始凭证为核算依据

会计核算必须严格依据审核无误的合法原始凭证进行，以保证核算资料的真实性和合法性。

3. 对经济业务进行连续、系统、全面的记录和计算

只有连续、系统、全面地进行会计核算，才能系统、完整地反映各单位的经济活动过程和结果。

（二）会计的监督职能

会计的监督职能也称控制职能，是指通过各单位的内部约束机制，利用会计核算资料控制和规范各项经济活动的运行，以保证会计目标顺利实现的功能。各单位对经济活动进行会计核算的过程，也是实行会计监督的过程。会计监督的内容主要包括真实性监督、完整性、合法性监督和合理性监督三个方面。

（1）真实性监督是检查各项会计核算记录是否有实际发生的经济业务作为依据。

（2）完整性监督是检查会计核算的范围和内容是否全面，是否有遗漏等不完整的情况。

（3）合法性监督是检查各项经济业务是否符合法律法规，是否遵守财经纪律并执行国家的各项方针政策，以杜绝违法乱纪行为。

（4）合理性监督是检查各项财务收支是否符合客观经济发展规律及经营管理方面的要求，保证各项财务收支符合特定的财务收支计划，以实现预期目标。

会计监督是一个过程，它分为事前监督、事中监督和事后监督。其监督的内容主要包括分析会计核算资料的真实与完整、检查遵纪守法情况、考核经营业绩、确定经营目标以及调整预定计划等内容。

（三）会计核算与会计监督的关系

会计通过核算为管理者提供经济信息，又通过监督直接履行管理职能，两者相辅相成，辩证统一。

会计核算是会计监督的基础和前提。没有系统的、完整的核算资料，监督就缺乏客观依据；会计监督是会计核算的保证和继续。会计监督为会计核算提供了质量的保障，只有核算没有监督，就难以保证核算所提供财务信息的质量，会计也就不能正常地发挥其在企业生产经营管理中的作用，会计核算也就失去了意义。

三、会计的基本特征

（一）会计是一种经济管理活动

会计是一种经济管理活动，这是会计的本质属性。它不仅能为企业经济管理提供各种数据资料，而且通过各种方式直接或者间接参与企业经济管理，可以对企业的经济活动进行核算与监督。

（二）会计是一个经济信息体系

会计作为一个经济信息体系，把企业日常经济活动的各种数据转化为货币化的会计信息。通过这些会计信息，可以帮助企业内部管理者和外部利益相关者做出相关的经济决策。

（三）会计以货币作为主要计量单位

会计主体的经济活动是多种多样、错综复杂的。为了实现会计目的，必须全面、综合地反映会计主体的各项经济活动，这就要求有一个统一的计量尺度。经济活动中通常使用的计量尺度有劳动计量尺度、实物计量尺度和货币计量尺度。劳动计量、实物计量只能从不同的角度反映企业的生产经营情况，计量结果通常无法直接进行汇总、比较；而货币作为主要计量单位更能满足会计工作的需要。

（四）会计具有核算和监督的基本职能

会计的职能是指会计在经济管理活动过程中所具有的功能。会计的基本职能主要表现在

以下两个方面：

1. 进行会计核算

通过对各项交易或者事项进行确认、计量、记录和报告，从数量上反映各单位已经发生或完成的经济活动，为生产经营管理提供会计信息。

2. 实施会计监督

按照一定的目的和要求，利用提供的会计信息，对各单位的生产经营活动进行控制，使之实现预期目标。

（五）会计具有一整套科学实用的专门方法

会计在对经济活动进行核算、监督和分析的过程中，形成了一整套独特、完善的方法体系。会计方法包括会计核算、会计分析和会计检查三种。其中，会计核算方法是指对已经发生的经济业务进行综合、连续、系统和全面的记录与计算，其作用在于为经营管理提供有效的会计信息，构成了整个会计方法体系的基础。会计分析方法和会计检查方法是在会计核算方法的基础上，充分利用提供的会计信息进行分析和检查所使用的方法。这些方法相互依存、相辅相成，有效结合在一起，最终形成一套完整的方法体系。

职业能力训练

1. 判断题（下列答案中正确的打“√”，错误的打“×”）

（1）会计核算必须而且只能采用价值的形式。（　　）

（2）会计只能核算已发生或完成的交易或事项。（　　）

（3）会计计量单位只有一种，即货币计量。（　　）

2. 选择题（下列答案中有一项或者多项是正确的）

（1）会计的基本职能是（　　）。

A. 反映和考核　　B. 核算和监督　　C. 预测和决策　　D. 分析和管理

（2）会计核算使用的主要计量单位是（　　）。

A. 实物计量　　B. 货币计量　　C. 时间计量　　D. 劳动计量

（3）下列有关会计的说法中，正确的包括（　　）。

A. 本质上是一种经济管理活动　　B. 对经济活动进行核算和监督

C. 以货币为主要计量单位　　D. 核算特定主体的经济活动

3. 任务实训

在学习会计之前，我们对“会计”的印象是不是“一直站在柜台后面的账房先生，边看账本边拨弄着算盘珠子”？那么，当我们了解会计之后，会计究竟是什么？同桌或者学习小组互相探讨一下，加深对会计的理解和认识。

任务三　理解会计核算的基本内容

任务目标

会计核算是一项重要的财务管理工作，它的核心工作是对企业的经济业务进行分类、记录、汇总、核算和报告，以便企业对财务状况进行全面的了解和指导经营决策。学习时，我们将在理解会计核算方法之间的联系、掌握会计基本假设、核算基础和信息质量要求的基础上，熟练进行简单经济业务会计处理。

知识精讲

一、会计对象概述

会计的对象是指会计核算和监督的具体内容，即企业和行政、事业单位能用货币表现的经济活动的过程和结果。具体是指社会再生产过程中能以货币表现的经济活动，即资金运动或价值运动。企业的资金运动表现为资金投入、资金运用和资金退出的三个过程。

二、制造业的资金运动

制造业的资金运动包括资金筹集、资金运用和资金退出企业三大部分。

（一）资金筹集

资金筹集企业是指企业通过接受投资或借入资金从投资者或债权人处取得资金的过程。这时的资金主要表现为货币形态，也可以表现为实物形态。

（二）资金运用（资金的循环与周转）

资金在企业内部周转主要体现在生产经营活动的三个过程中，即供应过程、生产过程和销售过程。制造业的资金随着供应、生产和销售三个过程的进行，从货币资金开始，依次转化为储备资金、生产资金、成品资金，最后回到货币形态，这一转化过程称为资金循环。资金循环周而复始地进行，称为资金周转。

（三）资金退出

资金退出企业是指在资金周转过程中，由于种种原因，有一部分资金退出企业，如缴纳所得税、分配给投资者利润和归还银行借款等。

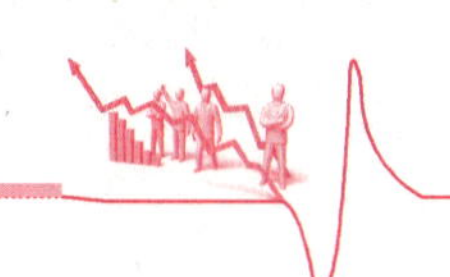

三、会计核算方法

（一）会计核算方法体系

会计核算方法是指对会计对象进行连续、系统、全面、综合的确认、计量和报告所采用的各种方法。会计核算方法体系由填制和审核会计凭证、设置会计科目和账户、复式记账、登记会计账簿、成本计算、财产清查、编制财务会计报告等专门方法构成。具体包括：

1. 填制和审核会计凭证

填制和审核会计凭证，是为了审查经济业务是否真实、合法，保证登记账簿的会计记录正确、完整而采用的一种专门方法。只有经过审核并确认无误的记账凭证，才能作为登记账簿的依据。填制和审核会计凭证是会计核算工作的起点，正确填制和审核会计凭证，是进行会计核算和实施监督的基础。（详见本书项目二和项目三内容）

2. 设置会计科目和账户

会计科目是对会计要素的具体内容进行分类核算的项目。账户是根据会计科目设置的，具有专门的格式和结构，作为分类反映会计要素的增减变动情况及其结果的载体。

设置会计科目和账户是保证会计核算具有系统性的专门方法。（详见本书项目三内容）

3. 复式记账

复式记账法是指对于发生的每一笔经济业务，都必须用相等的金额在两个或两个以上相互联系的账户中进行登记，全面系统地反映会计要素的增减变化情况及其结果的一种专门记账方法。复式记账是会计核算方法体系的核心。（详见本书项目三内容）

4. 登记会计账簿

登记会计账簿简称记账，是以审核无误的记账凭证为依据，将记账凭证记录的各项经济业务，分类、连续、完整地记入有关账簿中所设立的账户。账簿记录所提供的各种核算资料，为编制财务报表提供了直接依据。（详见本书项目四内容）

5. 成本计算

成本计算是对生产经营活动过程中发生的各项生产费用，按照设定的成本核算方法，对成本计算对象进行归集和分配，进而计算出产品的总成本和单位成本的一种专门方法。（详见本书项目三内容）

6. 财产清查

财产清查是指通过对货币资金、实物资产和往来款项等的盘点或核对，确定其实存数，检查账存数与实存数是否相符的一种专门方法。

通过财产清查，可以查明各项财产物资的保管和使用情况，以及往来款项的结算情况，监督各项财产物资的安全与合理使用，确保企业的各项财产物资以正确的金额反映在会计记

录中。(详见本书项目五内容)

7. 编制财务会计报告

编制财务会计报告，是指按照《企业会计准则》的要求，定期向财务会计报告使用者提供各类财务报表和其他应当在财务会计报告中披露的相关信息和资料。编制财务会计报告是全面、系统地反映企业在某一特定日期的财务状况、某一会计期间的经营成果和现金流量的一种专门方法。(详见本书项目六内容)

以上会计核算方法相互联系、紧密配合，形成了一个完整的方法体系。企业应当将这些方法运用到会计核算中去，以提高经营管理水平。

（二）各种会计核算方法之间的关系

会计核算的七种方法是一个相互联系、相互配合的完整的方法体系。各单位每发生一笔会计事项，首先要填制和审核凭证，然后按规定的账户，采用复式记账的方法登记账簿；期末根据账簿的记录进行成本计算、财产清查，在账实相符的基础上编制会计报表。会计核算方法及其相互联系如图1-2所示。

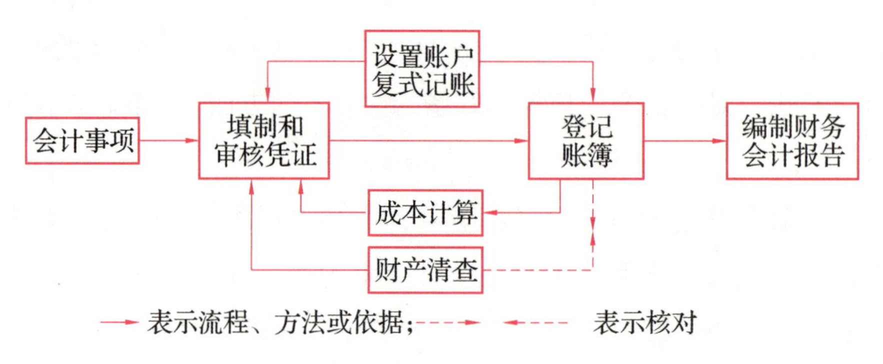

图1-2 会计核算方法及其相互联系图

四、会计基本假设

会计基本假设，对会计核算时间和空间范围以及所采用的主要计量单位等所做的合理假定，是企业会计确认、计量、记录和报告的前提。

在《企业会计准则》中规定了企业会计应依据四个基本假设，即会计主体、持续经营、会计分期及货币计量。

（一）会计主体

会计主体是指会计工作服务的特定对象，是企业会计确认、计量、记录和报告的空间范围。

会计主体不同于法律主体。一般而言，法律主体必然是会计主体，如一个企业、一个机关、一个学校、一个医院、一个社会团体等。作为一个法律主体，应当建立财务会计系统，

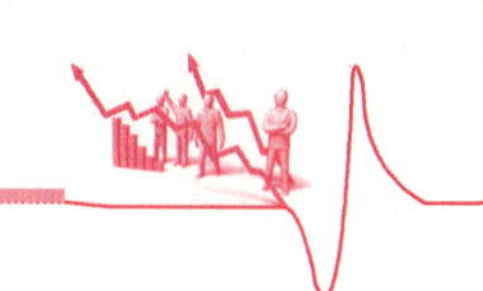

独立反映其财务状况、经营成果和现金流量，因而有必要将这些单位作为一个会计主体。但是会计主体不一定是法律主体。如企业集团不属于法律主体，但它却是会计主体。又如，企业内部的部门（分公司、业务部、生产车间）也可以单独进行核算，可以视为一个会计主体，但不能作为法律主体。再如，由企业管理的证券投资基金、社会保险基金、企业年金基金等，虽然不属于法律主体，但属于会计主体。

（二）持续经营

持续经营是指在可以预见的未来，企业将会按当前的规模和状态继续经营下去，不会停业，也不会大规模削减业务。

这一假设为解决会计核算中的财产计价和费用分配问题提供了前提条件，例：固定资产折旧。正是在这一假设的基础之上，企业所采用的会计方法、会计程序得以保持稳定，才能按正常的基础反映企业的财务状况和经营成果，为会计信息使用者提供决策有用的信息。

依据《企业会计准则——基本准则》，企业会计确认、计量和报告应当以持续经营作为前提条件。会计核算上所使用的一系列会计处理原则、会计处理方法都是建立在会计主体和持续经营的前提下。

（三）会计分期

会计分期是指将一个企业持续经营的经济活动划分为若干个连续的、长短相同的会计期间，以便分期结算账目和编制财务会计报告。

会计期间分为年度、半年度、季度和月度，其中半年度、季度和月度被称为会计中期。会计年度采用公历年度，即从每年公历的 1 月 1 日至 12 月 31 日为一个会计年度。中期是短于一个完整会计年度的报告期间。

由于有了会计分期，才产生了当期与以前期间、以后期间的划分，才产生了权责发生制和收付实现制核算基础的区别，进而出现了应收、应付、预收、折旧、摊销等会计处理方法。

（四）货币计量

货币计量是指会计主体在会计确认、计量、记录和报告时主要以货币作为计量单位，来反映会计主体的生产经营活动过程及其结果。之所以选择货币为尺度进行计量，是由于货币是衡量其他一切有价物价值的共同尺度，它具有价值尺度、流通手段、贮藏手段以及支付手段等特点。

我国会计核算以人民币作为记账本位币。业务收支以人民币以外的货币为主的单位，也可以选定其中一种货币作为记账本位币，但编制的财务报表应当折算为人民币反映。在境外设立的中国企业向国内报送的财务报表，也应当折算为人民币反映。

会计核算的四项基本假设，具有相互依存、相互补充的关系。会计主体确立了会计核算的空间范围，持续经营与会计分期确立了会计核算的时间长度，而货币计量则为会计核算提供了必要手段。没有会计主体，就不会有持续经营；没有持续经营，就不会有会计分期；没

有货币计量，就不会有现代会计。

五、会计核算的基础

会计核算的基础，是指会计确认、计量、记录和报告的基础，具体包括权责发生制和收付实现制。

权责发生制

（一）权责发生制

权责发生制，是指以取得收取款项的权利或支付款项的义务为标志来确定本期收入和费用的会计核算基础。在我国，企业会计核算采用权责发生制原则。

在权责发生制下，凡是当期已经实现的收入，无论款项是否收到均应作为当期的收入处理；反之，如果不属于当期的收入，即使款项已经收到也只能作为预收款项处理。对于费用而言，无论是否支付款项，只要当期承担了一项支付费用的义务或者当期已经从中受益就应当确认为当期的费用；反之，当期没有从中受益或者并不应由本会计期间承担的费用，即使支付了款项也不应当作为本期费用处理，而应当作为企业的一项债权。

◇点睛指导

在权责发生制下，甲企业 2023 年 9 月支付临时租入设备的两个月租金 10 000 元，由于此项目费用的发生使甲企业 9 月和 10 月均会受益，所以 9 月支付此项费用时，并不全部作为当月费用，当月只计费用 5 000 元，从当月收入中取得补偿，将 10 月的租金作为预付账款处理；10 月再计费用 5 000 元，同时冲减 9 月计入的预付账款，从 10 月收入中取得补偿。

（二）收付实现制

收付实现制，是指以现金的实际收付为标志来确定本期收入和费用的会计核算基础。

事业单位会计核算一般采用收付实现制；事业单位部分经济业务或者事项，以及部分行政事业单位的会计核算采用权责发生制核算的，由财政部在相关会计制度中具体规定。

《政府会计准则——基本准则》规定，政府会计由预算会计和财务会计构成。预算会计实行收付实现制（国务院另有规定的，依照其规定），财务会计实行权责发生制。

权责发生制是与收付实现制相对的一个概念，权责发生制主要是从时间上规定会计确认的基础，其核心是根据权、责关系的实际发生期间来确认收入和费用；而收付实现制的核心是根据实际收到或支付的现金作为依据，来确认收入和费用的发生期间。

◇点睛指导

在收付实现制下，甲事业单位为了满足经营管理的需要，2023 年 7 月租入仓库一间，同时支付 7—9 月 3 个月的租金 7 000 元，根据收付实现制原则，以支付的现金作为确认费用的依据，则所付 7 000 元全部作为 7 月发生的费用。

六、会计信息质量要求

会计信息质量要求是对企业财务报告中所提供高质量会计信息的基本规范，是使财务会计报告中所提供会计信息对投资者等使用者决策有用应具备的基本特征，主要包括可靠性、相关性、可理解性、可比性、实质重于形式、重要性、谨慎性和及时性等原则。

（一）可靠性原则

可靠性要求企业应当以实际发生的交易或者事项为依据进行会计确认、计量和报告，如实反映符合确认和计量要求的各项会计要素及其他相关信息，保证会计信息真实可靠，内容完整。

（二）相关性原则

相关性是指企业提供的会计信息应当与财务会计报告使用者的经济决策需要相关，有助于财务会计报告使用者对企业过去和现在的情况做出评价，对未来的情况做出预测。

（三）可理解性原则

可理解性是指企业提供的会计信息应当清晰明了，便于财务会计报告使用者理解和使用。

在填制会计凭证、登记会计账簿时，必须做到依据合法、程序合理、账户对应关系正确、文字摘要清楚、数字金额准确、手续齐备。在编制财务会计报告时，必须做到项目完整、数字准确、项目钩稽关系正确、文字说明清楚。

（四）可比性原则

可比性要求企业提供的会计信息应当相互可比，保证同一企业不同时期可比，不同企业相同会计期间可比。具体包括纵向可比和横向可比。

1. 纵向可比

纵向可比是指对同一企业不同时期发生的相同或者相似的交易或者事项，应当采用一致的会计政策，不得随意变更。确需变更的，应当在附注中说明。

2. 横向可比

横向可比是指不同企业发生的相同或者相似的交易或者事项，应当采用规定的会计政策，确保会计信息口径一致、相互可比。

可比性的会计信息质量要求企业适用的会计政策不得随意进行更改，而不是不得更改。企业更改会计政策之前，要按照合法手续进行；更改会计政策之后，要及时、合理地披露。

（五）实质重于形式原则

实质重于形式原则是指企业应当按照交易或者事项的经济实质进行会计确认、计量和报告，不应仅以交易或者事项的法律形式为依据。

例如，企业取得的土地使用权应作为企业的无形资产入账。从外在的法律形式上看是取

得的使用权，但是从经济实质上看，此项权利将来在很长的时间里能够为企业带来经济利益的流入。因此，土地使用权可以作为资产入账。企业融资租赁方式租入的固定资产，虽然从法律形式上看，承租企业在租赁期内并不拥有其所有权，但是由于租赁合同中规定的租赁期相当长，接近于该项资产的尚可使用年限，或租期结束时承租企业有优先购买该项资产的选择权。在租赁期内，承租企业能够控制该项资产所创造的未来经济利益，所以，承租企业应将以融资租赁方式租入的固定资产视为自有固定资产进行核算。

（六）重要性原则

重要性原则是指企业提供的会计信息应当反映与企业财务状况、经营成果和现金流量有关的所有重要交易或者事项。即对资产、负债、损益等有较大影响，并进而影响财务会计报告使用者据以做出合理判断的重要会计事项，必须按照规定的会计方法和程序进行处理，并在财务会计报告中充分、准确地披露。对于次要的会计事项，在不影响会计信息真实性和不误导财务会计报告使用者做出正确判断的前提下，可适当简化处理。

（七）谨慎性原则

谨慎性原则要求企业对交易或者事项进行会计确认、计量和报告应当保持应有的谨慎，不应高估资产或者收益，低估负债或者费用。

例如，企业对可能发生的资产减值损失计提资产减值准备，对常年处于强震动状态下的固定资产采用加速折旧法计提折旧，以及对售出商品可能发生的保修义务确认预计负债等，就体现了这一会计信息质量要求。而对可能获取的收入，基于稳健考虑，则不能预先估计及提前入账。需要注意的是，谨慎性并不意味着企业可以任意设置各种秘密准备，否则，就属于滥用谨慎性，视同重大会计差错处理。

（八）及时性原则

及时性原则是指企业对于已经发生的交易或者事项，应当及时进行会计确认、计量和报告，不得提前或者延后，及时性对相关性和可靠性起着制约的作用。

任务实施

★案例资料

东盛公司小张作为财务主管，在对本公司财务人员培训考核时，设置了如下问题：

1. 请说出月末计提固定资产折旧建立在哪个会计基本前提（假设）基础之上的。

2. 以融资租赁方式租入固定资产在会计处理上视同自有固定资产进行核算，该处理方式体现了哪一个会计信息质量要求？

3. 有些固定资产采用加速折旧法体现了哪一个会计信息质量要求？

4. 固定资产折旧方法一经确定，不得随意变更又体现了哪一个会计信息质量要求？

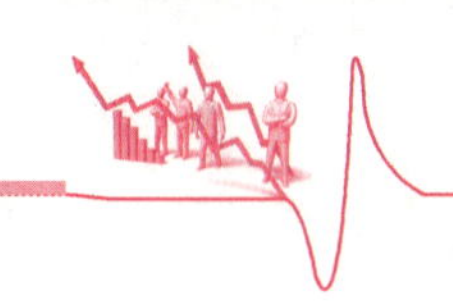

5. “签订经济合同”“收到请购单”属于会计对象的范畴吗？

★问题解析

1. 月末计提固定资产折旧建立在“持续经营”会计基本前提基础上。

2. 以融资租赁方式租入固定资产，体现了“实质重于形式”会计信息质量要求。

3. 固定资产采用加速折旧法体现了“谨慎性”会计信息质量要求。

4. 固定资产折旧方法一经确定，不得随意变更体现了“可比性”会计信息质量要求。

5. 不属于，因为这两项活动虽然都是经济活动，但都不是以货币表现的，所以不能称为会计对象。

职业能力训练

1. 判断题（下列答案中正确的打“√”，错误的打“×”）

（1）业务收支以外币为主的企业，也可选择某种外币作为记账本位币，但编制的财务会计报告应当折算为人民币反映。 （ ）

（2）谨慎性原则要求会计核算工作中做到不夸大企业资产，不虚增企业费用。 （ ）

（3）法律主体可以是会计主体，会计主体也一定是法律主体。 （ ）

2. 选择题（下列答案中有一项或者多项是正确的）

（1）在会计核算的基本前提中，界定会计工作和会计信息的空间范围的是（ ）。

A. 会计主体 B. 持续经营 C. 会计期间 D. 货币计量

（2）对应收账款在会计期末提取坏账准备金，这一做法体现的原则是（ ）。

A. 可比性原则 B. 重要性原则 C. 谨慎性原则 D. 客观性原则

（3）按权责发生制原则要求，下列收入或费用应归属本期的是（ ）。

A. 对方暂欠的本期销售产品的收入 B. 预付明年的保险费

C. 本月收回的上月销售产品的货款 D. 尚未付款的本月借款利息

素养课堂

【主题】坚持诚信，守法奉公，守责敬业

【背景】

（1）2023 年 11 月底，东盛公司离休干部老张，拿着一叠发票走进财务室：“郝会计你好，最近我到医院看了几次病，花了不少钱，现在家里又等着钱花，你能给我报销吗？”郝会计：“我现在很忙，没有时间。而且现在规定很多，我也弄不清楚你的医药费能报销多少，等我有空时再说吧。”老张无奈，只能点点头：“好好，那我先走了，我等你通知，谢谢。”

老张刚走，公司王副经理走了进来："小郝，昨天我给小孩买了台计算机，你给我想办法处理一下。"郝会计："行行行，您把发票放这儿，我帮您作办公用品报销，钱先拿去。"

王副经理刚走，电话铃响了，郝会计拿起电话："喂，原来是老同学呀，有什么事吗？哦！你想了解一下我们单位最近开发的新产品的成本、定价情况，还要我把有关资料带出来给你瞧瞧？哎呀，公司规定，资料不准带出，特别是机密资料。我这么做有困难。但考虑到我们的关系，这样吧，我变通一下，你得请我吃饭哦，怎么样？好，就这样，晚上浪漫咖啡厅见。"

（2）以下是东盛公司单位负责人陈某在本单位会计人员座谈会上的讲话摘要：

①会计机构和会计人员必须依照《会计法》的要求开展会计核算，实施会计监督，积极参与管理，特别是要重点审查经济业务的合法性，面对其合理性则不必强调，大家都应为提高经济效益而努力工作。

②会计核算一定要有原始凭证为依据，所有经济业务事项都要认真入账。例如签订购销合同、编制成本计划，就都要及时在核算上有所反映。坚决不搞账外账，坚决不要做假账。

③为了确保政令畅通，再三强调会计机构和会计人员对领导交办的事必须不折不扣地无条件执行。

④不对依法履行职责、抵制违反会计法规定行为的会计人员实行打击报复。否则，将受到上级主管部门的行政处罚，甚至要负法律责任。

⑤本人对会计专业知识一知半解，因此，要求会计机构和会计人员严格把关，对本单位的会计工作负全责，保证本单位会计资料的真实完整。

⑥最后指出，商业秘密受到国家法律的保护，因此，财政、税务等部门来查账时，凡涉及本单位商业秘密的会计资料，有权拒绝提供。

（3）2023 年 7 月，县财政局对东盛公司会计信息质量进行了检查，重点对该公司会计证执行情况以及会计基础工作等进行了检查，检查中并未发现贪污挪用、偷税漏税等行为，但存在报表信息不真实、内容数据不完整等多项会计信息违规问题。

第一，会计账簿科目启用表内容填写不完整，未填写启用日期、记账人员、会计机构负责人等事项。

第二，记账凭证未按规定填写记账人员、出纳人员、填制凭证人员。

第三，未设置总账、明细账，没有全年累计数，查出账表数据不相符。

第四，列支成本费用报销的原始发票、单据无经手人、证明人签字，无签批人签报，也未加盖转账及现金付讫章。

【提示】

（1）习近平总书记在党的二十大报告中指出，"坚持依法治国和以德治国相结合，把社会主义核心价值观融入法治建设、融入社会发展、融入日常生活""弘扬诚信文化，健全诚信建

设长效机制”。会计诚信是诚信体系建设的重要组成部分。习近平总书记关于诚信建设的重要论述精神，深刻阐明了加强包括会计诚信建设在内的诚信体系建设的重要意义，为加强会计诚信建设指明了正确方向、提供了根本遵循。

会计人员要遵守会计和其他财经法律法规，具备良好的道德品质、会计专业基础知识和技能。第一，坚持诚信，守法奉公。牢固树立诚信理念，廉洁自律，公私分明，不贪不占，遵守纪律，尽职尽责。第二，坚持准则，守责敬业。保证会计信息真实完整，客观公正，端正态度，依法办事，实事求是，不偏不倚，保持应有的独立性。第三，坚持学习，守正创新。始终秉持专业精神，勤于学习、锐意进取，持续提升自身会计专业能力。提高会计人员的职业素养、确保会计信息的真实完整、为经济高质量发展奠定会计信息基础，是会计行业积极践行党的二十大精神、主动为经济高质量发展提供有力支撑的具体表现。

（2）①《会计法》规定会计人员要对企事业单位经济业务的合理性与合法性进行监督，而不是只监督合法性而不监督合理性。②会计人员只对发生增减变化的经济业务进行核算与监督，供销合同、编制成本不会引起经济业务的增减变动，因此不进行核算与监督。③对违反《会计法》以及国家有关法律法规、规章制度的事项，有权拒绝办理或者按照职权予以纠正。④会计人员因为执行《会计法》受到打击报复，构成犯罪的，依法追究刑事责任，尚未构成犯罪的，由所在单位依法给与行政处分，对受打击报复的会计人员，应当恢复其名誉和原有的职务、级别。⑤《会计法》规定，单位领导人要对本单位的会计工作和会计资料承担责任，会计人员承担连带责任。⑥财政、税务等机关可以按照有关法律、行政法规规定的职责，对有关单位进行会计监督检查，任何企业不能拒绝国家执法机关的检查，财政局有权对企业单位的《会计法》执法情况进行检查，有权查阅企业的任何财务资料，税务机关有权对企业的纳税情况进行检查，有权查阅企业的任何涉税的财务资料，企业不得拒绝。

（3）①会计核算必须遵循可靠性、相关性、可理解性、可比性、实质重于形式、重要性、谨慎性、及时性的信息质量要求。企业必须以实际发生的交易或事项为依据，进行会计确认、计量和报告。不能虚构交易或事项，要如实反映企业的财务状况、经营成果和现金流量，做到内容真实。②在填制会计凭证、登记会计账簿时，必须做到依据合法、程序合理、账户对应关系正确、文字摘要清楚、数字金额准确、手续齐备。③企业提供的会计信息应当与财务会计报告使用者的经济决策需要相关，这有助于财务会计报告使用者对企业过去和现在的情况作出评价，对未来的情况作出预测。④对资产、负债、损益等有较大影响，并进而影响财务会计报告使用者据以做出合理判断的重要会计事项，必须按照规定的会计方法和程序进行处理，并在财务会计报告中充分、准确地披露。

【反思】

（1）通过案例资料（1），结合会计职业道德要求，分析郝会计的言行是否有问题，并说明理由。

（2）通过案例资料（2），结合核算监督的相关知识，分析陈某的言行在履行会计的职能方面存在哪些错误，并说明理由。

（3）通过案例资料（3），结合会计信息质量要求的相关知识，分析该公司的行为违反了哪些会计信息质量要求，并说明理由。

项目评价

<table>
<tr><th>项目名称</th><th>考核内容</th><th>分值</th><th>考核要求及评分标准</th><th>得分</th></tr>
<tr><td rowspan="8">项目一
认识会计</td><td rowspan="2">职业能力训练</td><td>10</td><td>判断正确并能说明理由</td><td></td></tr>
<tr><td>10</td><td>选择正确并能说明理由</td><td></td></tr>
<tr><td rowspan="4">实务训练</td><td>10</td><td>积极参与课前调研和学习</td><td></td></tr>
<tr><td>20</td><td>案例分析思路清晰、解析明确</td><td></td></tr>
<tr><td>20</td><td>领会会计的概念、职能和特征</td><td></td></tr>
<tr><td>20</td><td>正确理解会计核算的基本内容</td><td></td></tr>
<tr><td rowspan="2">职业素养</td><td>5</td><td>学习态度严谨，团队协作能力强</td><td></td></tr>
<tr><td>5</td><td>具有良好的职业道德修养</td><td></td></tr>
<tr><td colspan="2">合计</td><td>100</td><td>实际总得分</td><td></td></tr>
<tr><td colspan="5">学生自评</td></tr>
<tr><td colspan="3">评价内容</td><td colspan="2">评价等级（★★★、★★、★）</td></tr>
<tr><td colspan="3">课堂互动积极，愿意和老师互动</td><td colspan="2"></td></tr>
<tr><td colspan="3">能够自主学习，及时解决问题</td><td colspan="2"></td></tr>
<tr><td colspan="3">积极参与调研，与小组同伴相处融洽</td><td colspan="2"></td></tr>
<tr><td colspan="3">能够积极主动地完成课堂任务</td><td colspan="2"></td></tr>
<tr><td colspan="3">能够总结归纳本节课的知识内容</td><td colspan="2"></td></tr>
</table>

项目二

填制与审核原始凭证

项目导航

原始凭证是进行会计核算的原始资料和重要依据，作为具有法律效力的证明，应该真实、完整、准确地反映经济业务的发生或者完成情况。本项目主要介绍原始凭证的填制和审核。通过本项目的学习，能够识别各种外来原始凭证，掌握自制原始凭证的填制和审核，为后续学习记账凭证、会计账簿和财务报表做好准备。作为财务人员要懂得原始凭证所承载的社会责任，以良好的职业道德操守，把好会计核算的第一道防线。

职业能力目标

1. 掌握原始凭证的概念、种类和基本内容。
2. 掌握常用原始凭证的填制及审核。
3. 能准确分析原始凭证，判断经济业务内容，为正确编制记账凭证打好基础。
4. 能认真严格地审核原始凭证。
5. 当原始凭证发生填制错误时，会选用正确规范的方法进行更正或处理。

职业素养目标

掌握会计人员的职业准则，具有严谨细致的工作作风，办事公道、诚实守信的职业操守。培养学生的社会责任感、法治意识和公民意识。

任务一　掌握原始凭证的填制

任务目标

日常工作中，需要填制入库单等各种原始凭证，但多数原始凭证都不是由会计人员来填制，而是由经办人员填制，会计人员则主要进行审核工作。学习时，我们将在认识原始凭证的基础上，掌握填制和审核原始凭证的方法。

知识精讲

一、会计凭证概述

（一）会计凭证的概念

会计凭证是记录经济业务发生或者完成情况，明确经济责任的书面证明，是登记账簿的依据。因此，企业、行政事业单位在处理任何一项经济业务时，都必须及时取得或填制真实、准确的书面证明。通过书面形式明确记载经济业务发生或完成时的时间、内容，涉及的有关单位和经办人员的签章，以此来保证账簿记录的真实性和正确性，并确定对此所承担的法律责任和经济责任。

（二）会计凭证的种类

根据会计核算的三个基本步骤：凭证→账簿→报表，可以看出，填制和审核会计凭证是会计核算的初始环节，所以做好该项工作具有重要意义。在实际经济活动中，会计凭证是多种多样的，为便于区分使用，一般按照会计凭证的填制程序和用途的不同，将其划分为两类，即原始凭证和记账凭证。具体如图 2-1 所示。

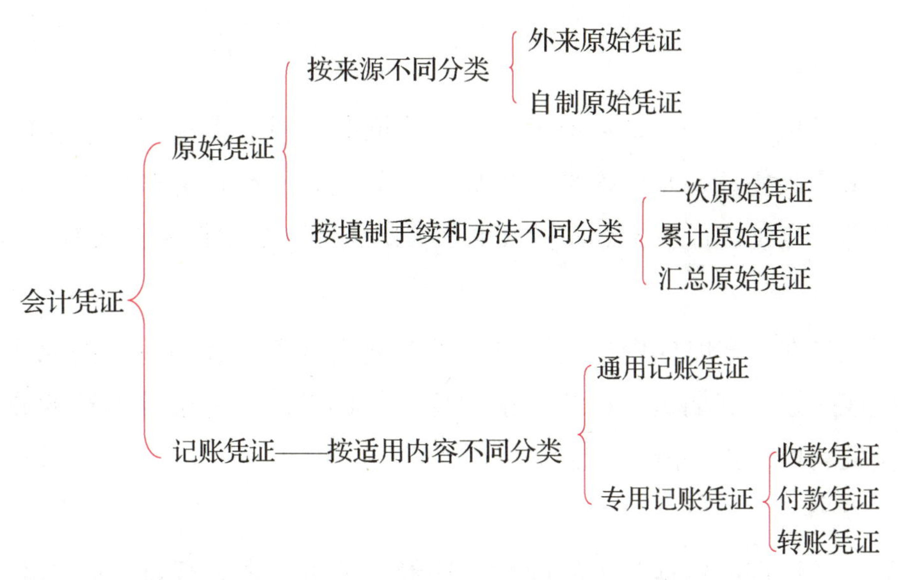

图 2-1　会计凭证的分类

二、原始凭证的概念

原始凭证是在经济业务发生或完成时取得或填制的，用以记录或证明经济业务的发生或完成情况的原始凭据，是进行会计核算、具有法律效力的原始书面证明。

原始凭证

原始凭证是填制记账凭证和登记账簿的原始依据，是进行会计核算的原始资料。因此，凡是不能证明经济业务已经发生或完成的各种单据，如购货合同、请购单、对账单等，均不能作为进行会计核算的原始证据。

三、原始凭证的种类

（一）按来源不同分类

按来源渠道不同，可以将原始凭证划分为外来原始凭证和自制原始凭证。

1. 外来原始凭证

外来原始凭证是指在经济业务发生或完成时，从其他单位或个人直接取得的原始凭证，如购买货物取得的增值税专用发票，职工出差取得的火车票、飞机票等。

2. 自制原始凭证

自制原始凭证是指由本单位内部经办业务的部门和人员，在执行或完成某项经济业务时填制的、仅供本单位内部使用的原始凭证，如收料单、领料单、借款单、折旧计算表等。

（二）按填制手续和方法不同分类

按填制手续和方法的不同，可以将原始凭证划分为一次原始凭证、累计原始凭证和汇总原始凭证。

1. 一次原始凭证

一次原始凭证是指一次只记录一项经济业务或同时记录若干项同类性质的经济业务的原始凭证。各种外来原始凭证都是一次性原始凭证，如发票、银行进账单以及出差时购买的车票、船票、机票等。自制凭证中，绝大多数也是一次凭证，如收料单、领料单等。

2. 累计原始凭证

累计原始凭证指在一定时期内连续记录若干项同类性质的经济业务的原始凭证，有效使用多次，陆续完成手续，到期满后，结出累计总额，再将此作为会计核算的原始依据，如自制凭证中的限额领料单、累计销售凭证等。

3. 汇总原始凭证

汇总原始凭证是指定期根据若干项同类性质经济业务的原始凭证，依据有关要求整理编制、汇总完成的一种原始凭证，如材料耗用汇总表、收发料凭证汇总表等。

四、原始凭证的基本内容

由于经济业务的种类和内容不同，经营管理的要求也不同，原始凭证的格式和内容千差万别。一般应具备以下基本内容：

（1）原始凭证名称及编号。

（2）填制原始凭证的日期。

（3）接受原始凭证的单位名称。

（4）经济业务内容（含数量、单价、金额等）。

（5）填制原始凭证的单位签章。

（6）业务经办人员的签名或者盖章。

五、原始凭证的填制要求

（一）记录要真实

原始凭证所填列的经济业务内容和数字，必须真实可靠，符合实际情况。

（二）内容要完整

原始凭证所要求填列的项目必须逐项填列齐全，不得遗漏和省略。需要注意的是：年、月、日要按照填制原始凭证的实际日期填写；名称要齐全，不能简化；品名或用途要填写明确，不能含糊不清；有关人员的签章必须齐全。

（三）书写要清楚、规范

原始凭证要按规定填写，文字要简明，字迹要清楚，易于辨认，不得使用未经国务院公

布的简化汉字。大小写金额必须相符且填写规范，认真填写，不得连写，使人分辨不清。在金额前要填写人民币符号“￥”。人民币符号“￥”与阿拉伯数字之间不得留有空白。凡阿拉伯数字前写有币种符号的，数字后面不再写货币单位。金额数字一律填写到角分，无角分的，写“00”或符号“—”；有角无分的，分位写“0”，不得用符号“—”。大写金额到元或角为止的，后面要写“整”字或“正”字。大写数字金额有分的，分字后面不写“整”字或“正”字。如小写金额为￥1 008.00，大写金额应写成“人民币壹仟零捌元整”。

大写金额用汉字壹、贰、叁、肆、伍、陆、柒、捌、玖、拾、佰、仟、万、亿、元、角、分、零、整等，一律用正楷或行书字书写，不得用一、二、三、四、五、六、七、八、九、十、另等字代替，禁止书写自造简化字。大写金额前未印有货币名称的，应加填“人民币”等货币名称，货币名称与金额之间不得留有空白。

自制原始凭证金额栏下如果未印小写合计项目，不论已填写几笔金额，空行均应画斜线注销。

（四）编号要连续

各种凭证要连续编号，以便查找。如果凭证已预先印定编号，如发票、支票等重要凭证，在写错作废时，应加盖“作废”戳记，妥善保管，不得撕毁。一式几联的原始凭证，应当注明各联的用途，只能将一联作为报销凭证。

（五）不得涂改、刮擦、挖补

原始凭证不得涂改、刮擦、挖补。原始凭证有错误的，应当由出具单位重开或更正，更正处应当加盖出具单位印章。原始凭证金额有错误的，应当由出具单位重开，不得在原始凭证上更正。连续编号的原始凭证，作废后盖“作废”章，按顺序粘贴到原处。

（六）填制要及时

各种原始凭证一定要及时填写，并按规定的程序及时送交会计机构、会计人员进行审核。

（七）银行票据的出票日期必须使用中文大写

为防止变造票据的出票日期，在填写月、日时，月为壹、贰和壹拾的，日为壹至玖和壹拾、贰拾和叁拾的，应在其前加“零”；日为拾壹至拾玖的，应在其前加“壹”。如“5月16日”应写成“伍月壹拾陆日”，“10月20日”应写成“零壹拾月零贰拾日”。票据出票日期使用小写填写的，银行不予受理。大写日期未按规范填写的，银行可予受理，但由此造成的损失，由出票人自行承担。

（八）原始凭证中大小写金额的书写

阿拉伯小写金额数字中有“0”时，中文大写应按照汉语语言规律、金额数字构成和防止涂改的要求进行书写。

（1）阿拉伯小写金额数字中间有“0”时，中文大写金额要写“零”字。如￥1 409.50，

应写成人民币壹仟肆佰零玖元伍角整。

（2）阿拉伯小写金额数字中间连续有几个“0”时，中文大写金额中间可以只写一个“零”字。

（3）阿拉伯金额小写金额数字万位或元位是“0”，或者数字中间连续有几个“0”，万位、元位也是“0”，但千位、角位不是“0”时，中文大写金额中间可以只写一个“零”字，也可以不写“零”字。例如，￥1 680.32 应写成人民币壹仟陆佰捌拾元零叁角贰分，或者写成人民币壹仟陆佰捌拾元叁角贰分；又如，￥107 000.53 应写成人民币壹拾万柒仟元零伍角叁分，或者写成人民币壹拾万零柒仟元伍角叁分。

（4）阿拉伯小写金额数字角位是“0”，而分位不是“0”时，中文大写金额“元”后面应写“零”字。例如，￥16 409.02 应写成人民币壹万陆仟肆佰零玖元零贰分；又如，￥325.04 应写成人民币叁佰贰拾伍元零肆分。

金额最高位是 1 的，加写“壹”字，如￥12.60，写成人民币壹拾贰元陆角整。

在印有大写金额元角分固定位置的凭证上书写大写金额时，金额前如有空位，画+注销，金额中有几个 0（含分位），就写几个“零”字。

（九）经济业务内容涉及实物的原始凭证

应填写实物名称、规格、计量单位、数量、单价、金额、小写和大写金额合计。经济业务内容不涉及实物的原始凭证，要写明经济业务内容、款项用途、小写和大写金额合计。大写与小写金额必须相符。购买实物的原始凭证，必须有验收证明。

（十）其他相关规定

从外单位取得和对外开出的发票或收据，必须盖有税务部门或财政部门监制章和填制单位的财务专用章。自制原始凭证必须有经办人员和部门负责人签名或盖章。收、付款项的原始凭证应由出纳人员签名或盖章，并分别加盖“现金收讫”“现金付讫”“银行收讫”“银行付讫”章。支付款项的原始凭证，必须有收款单位和收款人的收款证明。

任务实施

★案例资料

石家庄市万科工厂为增值税一般纳税人，开户行：建行银行石家庄市西大街支行，账号：123456789；纳税人识别号：911309876543214536；地址：中山东路 296－1 号，电话：86048663；企业法人代表：王大伟，会计机构负责人：郑萍，会计：杨明，出纳：李丽。

2024 年 4 月发生如下经济业务：

1. 1 日，行政部门从益友办公用品商店购买 A4 复印纸 4 包，单价 20 元，以现金支付，如图 2-2 所示。

电子发票（增值税普通发票）

发票号码：30482586000000002136
开票日期：2024年4月1日

购买方信息	名称：石家庄市万科工厂 统一社会信用代码/纳税人识别号：911309876543214536	销售方信息	名称：石家庄市益友办公用品商店 统一社会信用代码/纳税人识别号：911305427956146238

项目名称	规格型号	单位	数量	单价	金额	税率/征收率	税额
*办公用品*复印纸	A4	包	4	20.00	80.00	13%	10.40
合　计					¥80.00		¥10.40
价税合计（大写）	⊗玖拾圆肆角整					（小写）¥90.40	
备注							

开票人：李丽

图 2-2　增值税普通发票

2. 7 日，业务员张峰出差暂借差旅费 1 500 元，如图 2-3 所示。

差旅费借款单

2024年 4 月 7 日　　　　No.001

借款人	张 峰	借款单位	供销科
借款事由	采购用差旅费	出差地点	重庆市
借款金额	人民币（大写）：壹仟伍佰元整　现金付讫		¥1 500.00

审核：　郑萍　　　单位负责人：王大伟　　　出纳：李丽　　　借款人：张峰

图 2-3　差旅费借款单

3. 11 日，张峰出差回来报销差旅费并退回剩余款，如图 2-4、图 2-5 所示。

差 旅 费 报 销 单

报销日期：2024年4月11日

部门	供销科	出差人	张 峰	出差事由	采购材料

出发			到达			交通工具	单据	车船费	出差补助			其他费用		
月	日	地点	月	日	地点				天数	标准	金额	项目	单据	金额
4	8	石家庄	4	8	重庆	火车	1	230.00	4	40.00	160.00	行李费		
4	8	重庆	4	9	泸州	汽车	1	16.00				市内车费	5	100.00
4	9	泸州	4	10	重庆	汽车	1	30.00				住宿费	1	120.00
4	D	重庆	4	10	石家庄	火车	1	230.00				邮电费		
												夜间补贴		100.00
合计：玖 佰 捌 拾 陆 元 整														
报销总额	¥986.00		经审核后报销金额		人民币（大写）玖佰捌拾陆元整　　¥986.00									

主管：郑萍　　　　审核：李丽　　　　报销人：张峰

图 2-4　差旅费报销单

电子发票（增值税普通发票）

发票号码：30482578000000006428

开票日期：2024年4月9日

购买方信息	名称：石家庄市万科工厂 统一社会信用代码/纳税人识别号：911309876543214536	销售方信息	名称：泸州市顺发酒店管理有限公司 统一社会信用代码/纳税人识别号：911501486359498327

项目名称	规格型号	单位	数量	单价	金额	税率/征收率	税额
*住宿服务*住宿费		间	1	113.21	113.21	6%	6.79
合　计					¥113.21		¥6.79
价税合计（大写）	⊗壹佰贰拾圆整				（小写）¥120.00		
备注							

开票人：王伟

（a）

图 2-5　报销凭证

（a）电子发票

G507

石家庄 ——→ 重庆　　石家庄站

2024 年 4 月 8 日　8:46 开　08 车 09D 号

¥230.00 元　　二等座

仅供报销使用

130130**********4326 张峰

（b）

四川省公路汽车客票

重庆No0128018

旅客信息：130130**********4326 张峰						
重庆—泸州		票价:16元		全票	工号	014
日期	车次	座号	开车时间	车种	检票口	票号
4.9	0147	12	12:00	大巴	2	0015

限乘当日当次车

（c）

四川省公路汽车客票

No 2197318

叁　拾　元

2024 年 4 月 10 日

130130**********4326 张峰

本票含附加费和保险费

撕角作废仅作报销凭证

（d）

图 2-5　报销凭证（续）

（b）火车票（1）；（c）汽车票（1）；（d）汽车票（2）

重庆 ——→ 石家庄　　重庆站

2024 年 4 月 10 日 14：46 开12车06D号

全价230.00元　　二等座

仅供报销使用

130130**********4326 张峰

注：公交车票5张略

（e）

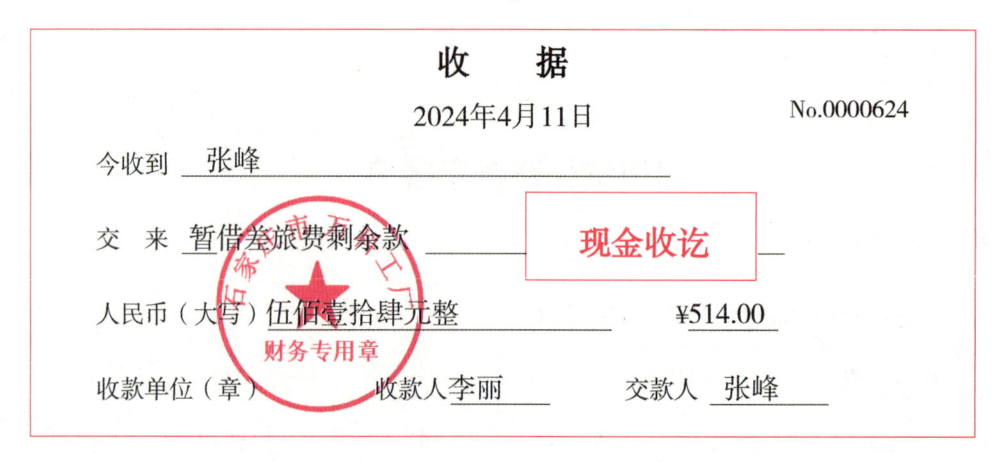

收　据

2024年4月11日　　No.0000624

今收到　张峰

交　来　暂借差旅费剩余款　　现金收讫

人民币（大写）伍佰壹拾肆元整　　¥514.00

收款单位（章）　　收款人李丽　　交款人　张峰

（f）

图 2-5　报销凭证（续）

（e）火车票（2）；（f）收据

4. 12 日，从利通有限公司购买 A 材料 500 千克，单价 20 元，价款 10 000 元，增值税 1 300 元，共计 11 300 元，以支票支付，如图 2-6～图 2-8 所示。

电子发票（增值税专用发票）

发票号码：30482797000000008547

开票日期：2024年4月12日

购买方信息	名称：石家庄市万科工厂 统一社会信用代码/纳税人识别号：91130987654321 4536	销售方信息	名称：利通有限责任公司 统一社会信用代码/纳税人识别号：91130135792468 2563

项目名称	规格型号	单位	数量	单价	金额	税率/征收率	税额
*电子元件*A材料		千克	500	20.00	10000.00	13%	1300.00
合　计					¥10000.00		¥1300.00
价税合计（大写）	⊗壹万壹仟叁佰圆整					（小写）¥11300.00	
备注							

开票人：林萍

图 2-6　增值税专用发票

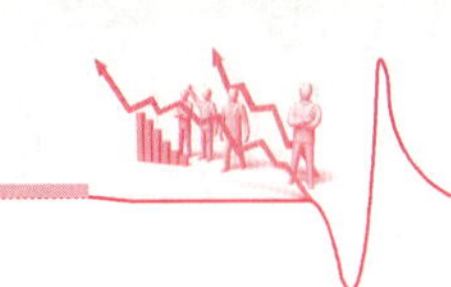

收 料 单

发票号码： No . 01624146

供应单位： 利通有限责任公司 收料单编号：001

材料类别： 原料及主要材料 2024 年 4 月 12日 收料仓库： 材料库

编号	名称	规格	单位	数量		实际成本/元					备注
				应收	实收	买价		运杂费	其他	合计	
						单价	金额				
01	A 材料		千克	500	500	20.00	10000.00			10000.00	
合计										¥10000.00	

第三联 记账联

主管： 陈达 采购员： 张峰 检验员： 王红 记账员： 周红 保管员： 李仓

图 2-7 收料单

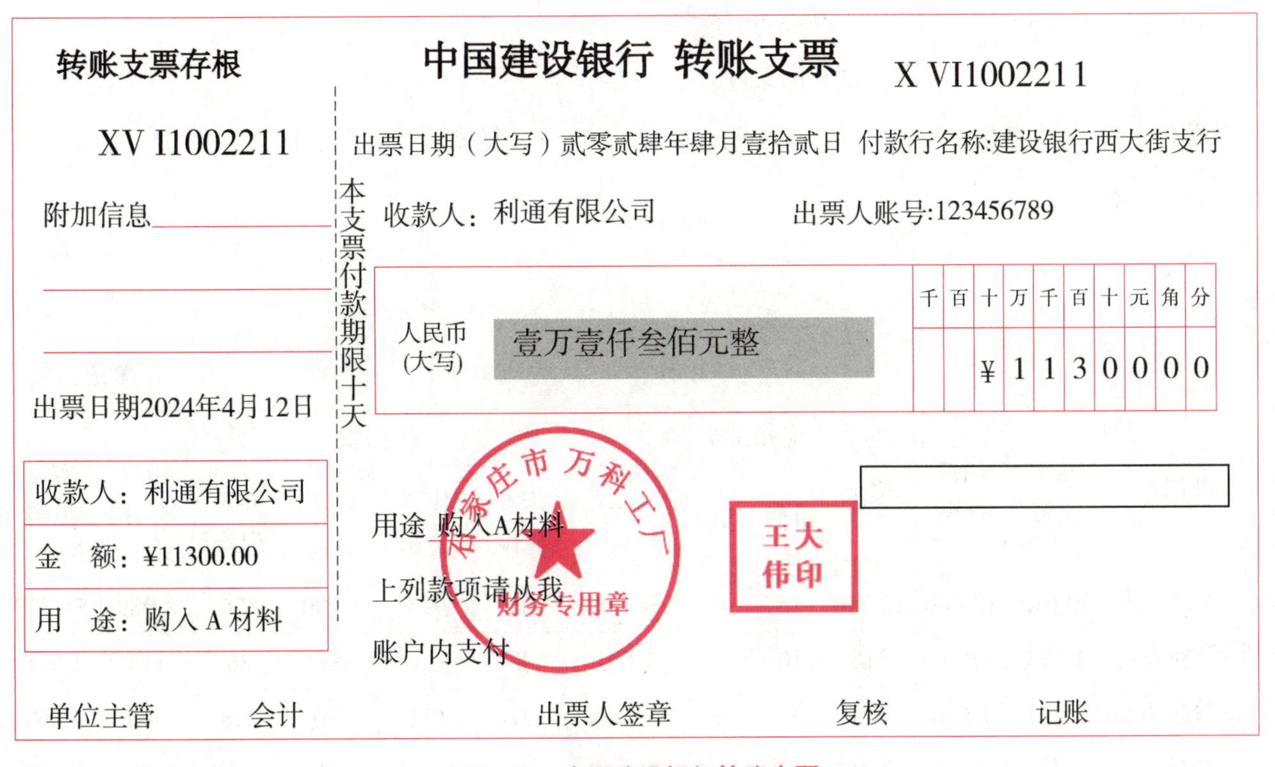
转账支票存根

XV I1002211

附加信息

出票日期2024年4月12日

收款人：利通有限公司

金 额：¥11300.00

用 途：购入 A 材料

中国建设银行 转账支票 X VI1002211

出票日期（大写）贰零贰肆年肆月壹拾贰日 付款行名称:建设银行西大街支行

本支票付款期限十天

收款人：利通有限公司 出票人账号:123456789

人民币（大写）	千	百	十	万	千	百	十	元	角	分
壹万壹仟叁佰元整			¥	1	1	3	0	0	0	0

用途 购入A材料

上列款项请从我

账户内支付

石家庄市万科工厂 财务专用章

王大伟印

单位主管 会计 出票人签章 复核 记账

图 2-8 中国建设银行转账支票

5. 15 日，从银行提取现金 6 0477 元，以备使用，如图 2-9 和表 2-1 所示。

填制现金支票

现金支票存根

X VI1003682

附加信息

出票日期2024年4月15日

收款人：石家庄市万科工厂

金　额：¥60477.00

用　途：发放工资

单位主管　　会计

中国建设银行　　现金支票　　X VI1003682

本支票付款期限十天

出票日期（大写）贰零贰肆年肆月壹拾伍日　付款行名称:建设银行西大街支行

收款人：石家庄市万科工厂　出票人账号:123456789

人民币（大写）	陆万零肆佰柒拾柒元整	千	百	十	万	千	百	十	元	角
				¥	6	0	4	7	7	0

用途发放工资

上列款项请从我

账户内支付

石家庄市万科工厂 财务专用章

王大伟印

出票人签章　　复核　　记账

图 2-9　中国建设银行现金支票

表 2-1　工资结算汇总表

2024 年 4 月　　　　单位：元

部门		基本工资	岗位津贴	奖金	应扣工资		应付工资	代扣款				扣款合计	实发工资
					事假	病假		失业保险	住房公积	医疗保险	养老保险		
车间	生产工人	30 615	12 000	12 210	73	43	54 709	65	918	1 200	806	2 989	51 720
	管理人员	1 193	390	318	10		1 891	8	36	45	26	115	1 776
厂部管理人员		5 047	1 690	924	36	38	7 587	27	151	180	248	606	6 981
合计		36 855	14 080	13 452	119	81	64 187	100	1 105	1 425	1 080	3 710	60 477

6. 15 日，以现金 60 477 元发放工资，如表 2-2 所示。

表 2-2　工资结算单

2024 年 4 月　　　　单位：元

姓名	基本工资	岗位津贴	奖金	应扣工资		应付工资	代扣款				扣款合计	实发工资	签名
				事假	病假		失业保险	住房公积	医疗保险	养老金			
王红	1 500	200	300			2 000	10	40	40	160	250	1 750	
赵军	1 600	210	300	10		2 100	10	42	42	168	262	1 838	
李明	1 200	180	280		5	1 655	8	33	33	130	204	1 451	
……													
合计						64 187	100	1 105	1 425	1 080	3710	60 477	
注：其他部门略													

7. 20 日，车间生产甲产品领用材料。

（1）2024 年 4 月，经生产部门核定，签发 01 号领料单如下：

材料名称：A 材料　　　本月领用限额：400 千克　　　材料单价：20.00 元

材料员经车间负责人审批，2 日请领材料 200 千克，实领 200 千克；11 日请领材料 200 千克，实领 200 千克，如图 2-10 所示。

限额领料单

领料部门：生产车间　　　　发料仓库：1号

用　途：生产甲产品　　　2024年4月　　　编号：01

材料名称及规格	计量单位	本月领用限额	本月实际领用	金额/元	备注	
A材料	千克	400	400	8 000.00		
领料日期	请领数	实发数	结余数	领料人	车间负责人	发料人
4.2	200	200	200	刘旭	许光	马辉
4.11	200	200	0	刘旭	许光	马辉
合计	400	400	0			

生产部门负责人：周强　　　　供应部门负责人：陈进

图 2-10　限额领料单

（2）20 日车间生产乙产品领用 B 材料 300 千克，单价 50 元，如图 2-11 所示。

领　料　单

仓库：2 号　　　　2024 年 4 月 20 日　　　　领料单编号：001

编号	类别	材料名称	规格	单位	数量		实际成本/元	
					请领	实发	单价	金　额
01		B 材料		千克	300	300	50.00	1 500.00
用途	生产车间生产乙产品				领料部门		发料部门	
					负责人	领料人	核准人	发料人
					许光	刘旭	刘星	马辉

第三联记账联

图 2-11　领料单

8. 22 日，销售给白云公司甲产品 100 件，单价 120 元，价款 12 000 元，增值税 1 560 元，共计 13 560 元，收到支票 1 张，如图 2-12～图 2-16 所示。

电子发票（增值税专用发票）

发票号码：30482796000000002716
开票日期：2024年4月22日

购买方信息	名称：石家庄市白云公司 统一社会信用代码/纳税人识别号：911301181181118256	销售方信息	名称：石家庄市万科工厂 统一社会信用代码/纳税人识别号：911309876543214536

项目名称	规格型号	单位	数量	单价	金额	税率/征收率	税额
*家用电器*甲产品		件	100	120.00	12000.00	13%	1560.00
合计					¥12000.00		¥1560.00
价税合计（大写）	⊗壹万叁仟伍佰陆拾圆整					（小写）¥13560.00	
备注							

开票人：杨明

图 2-12　增值税专用发票

产品出库单

2024年4月22日　　　　　　　　　　　　第001号

名称	单位	数量	单价	金额									用途或原因
				百	十	万	千	百	十	元	角	分	
甲产品	件	100	90.00				9	0	0	0	0	0	销　售
合计						¥	9	0	0	0	0	0	

第三联　记账联

仓库主管：陈达　　会计：杨明　　质检员：王峰　　保管员：王新　　经手人：袁飞

图 2-13　产品出库单

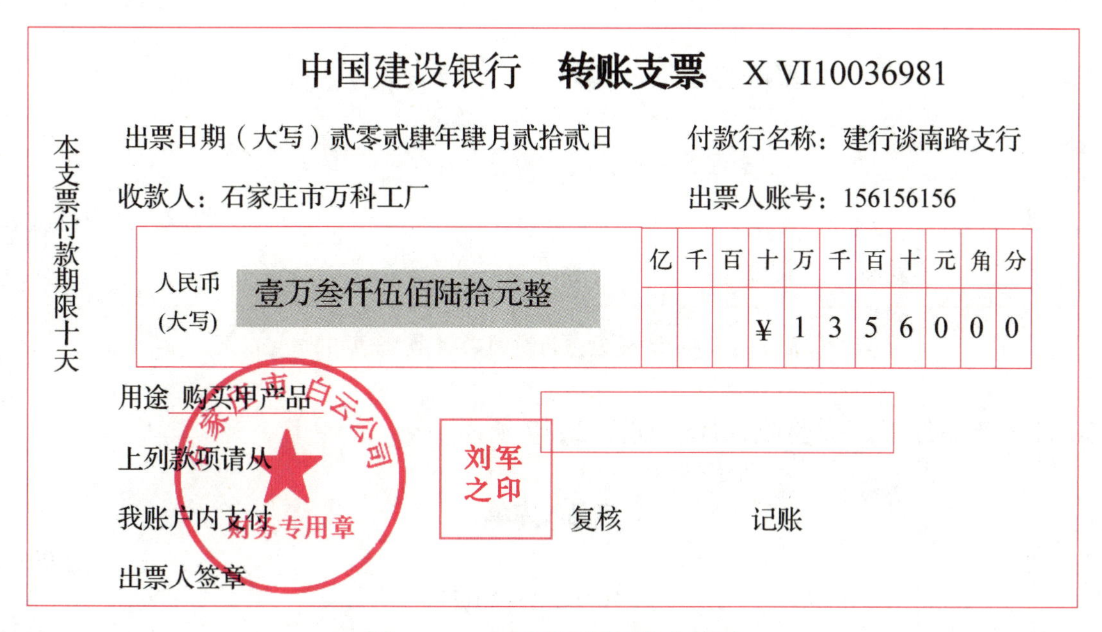

中国建设银行　**转账支票**　X VI10036981

本支票付款期限十天

出票日期（大写）贰零贰肆年肆月贰拾贰日　　付款行名称：建行谈南路支行

收款人：石家庄市万科工厂　　出票人账号：156156156

人民币（大写）	亿	千	百	十	万	千	百	十	元	角	分
壹万叁仟伍佰陆拾元整			¥	1	3	5	6	0	0	0	

用途　购买甲产品

上列款项请从

我账户内支付

出票人签章　　复核　　记账

图 2-14　中国建设银行转账支票

附加信息

被背书人建设银行石家庄市西大街支行

委托收款

背书人签章

2024年4月22日

图 2-15　转账支票背面

中国建设银行进账单（收账通知）

2024年4月22日　　　　第01 号

出票人			收款人		
出票人	全　称	石家庄市白云公司	收款人	全　称	石家庄市万科工厂
	账　号	123123123		账　号	123456789
	开户银行	工商银行裕华分理处		开户银行	建设银行石家庄市西大街支行

金额	人民币（大写）	百	十	万	千	百	十	元	角	分
	壹万叁仟伍佰陆拾元整		¥	1	3	5	6	0	0	0

票据种类	转账支票	票据张数	1张
票据号码	X VI 10036981		
复核　记账		收款人开户行盖章	

中国建设银行石家庄市西大街支行 2024.04.22 转讫

收款人开户银行给收款人的收账通知

图 2-16　中国建设银行进账单（收账通知）

9. 30 日，产品加工完成验收入库，如图 2-17 所示。

产品入库单

第001号

2024年4月30日

名称	编号	单位	数量	单价	金额 百	十	万	千	百	十	元	角	分	备注
甲产品		件	300	91.16			2	7	3	4	8	0	0	
乙产品		件	300	146.74			4	4	0	2	2	0	0	
合　计						¥	7	1	3	7	0	0	0	

第三联　记账联

仓库主管：陈达　　会计：杨明　　质检员：王峰　　保管员：王新　　经手人：李立

图 2-17　产品入库单

10. 30 日，从开户行取得借款，存入银行，如图 2-18 所示。

中国建设银行(流动资金贷款)借款凭证(回单)

单位编号：A012　　　　日期：2024年4月30日　　　　银行编号：0119

借款人	全称	石家庄市万科工厂	收款人	全称	石家庄市万科工厂
	账号	123456789		账号	123456789
	开户银行	建设银行西大街支行		开户银行	建设银行西大街支行

借款期限(最后还款日)	2025年4月30日	利率	5%	起息日期	2024年4月30日

借款申请金额	人民币(大写) 叁拾万元整	千	百	十	万	千	百	十	元	角	分
			¥	3	0	0	0	0	0	0	0
借款原因及用途	生产周转　银行核定金额	千	百	十	万	千	百	十	元	角	分
			¥	3	0	0	0	0	0	0	0

期限	计划还款日期	√	计划还款金额	分次还款记录	期次	还款日期	还款金额	结欠
1	2025年4月30日		300 000.00					
2								
3								
4								

备注：	上述借款业已同意贷给并转入你单位往来账户借款到期时应按期归还。此致 借款单位 （银行盖章）2024年4月30日

中国建设银行石家庄市西大街支行
2024.04.30
转讫

此联转账后退给借款单位

图2-18　中国建设银行（流动资金贷款）借款凭证（回单）

任务实施

★技能考核

【考核要求】根据以下实务资料完成原始凭证的填制。

企业名称：石家庄市财贸有限责任公司为增值税一般纳税人，开户行：建行银行石家庄市西大街支行，账号：123456789；纳税人识别号：911309876543214536；地址：中山东路 296-1 号，电话：86048663；企业法人代表：王大伟，会计机构负责人：郑萍，会计：杨明，出纳：李丽。

2024 年 4 月发生如下经济业务：

1. 1 日，收到石家庄市万科工厂一张转账支票，投入货币资金 500 000 元（票号 XVI25336981），存入银行，填写 001 号进账单，如图 2-19 所示。

中国建设银行进账单（收账通知）

年　月　日　　　　第　号

<table>
<tr><td rowspan="3">出票人</td><td>全　称</td><td></td><td rowspan="3">收款人</td><td>全　称</td><td colspan="9"></td><td rowspan="7">收款人开户银行给收款人的收账通知</td></tr>
<tr><td>账　号</td><td></td><td>账　号</td><td colspan="9"></td></tr>
<tr><td>开户银行</td><td></td><td>开户银行</td><td colspan="9"></td></tr>
<tr><td rowspan="2">金额</td><td rowspan="2">人民币
(大写)</td><td colspan="3" rowspan="2"></td><td>百</td><td>十</td><td>万</td><td>千</td><td>百</td><td>十</td><td>元</td><td>角</td><td>分</td></tr>
<tr><td></td><td></td><td></td><td></td><td></td><td></td><td></td><td></td><td></td></tr>
<tr><td>票据种类</td><td></td><td>票据张数</td><td></td><td colspan="10" rowspan="2"></td></tr>
<tr><td>票据号码</td><td colspan="3"></td></tr>
<tr><td colspan="4">复核　记账</td><td colspan="10">收款人开户行盖章</td></tr>
</table>

图 2-19　中国建设银行进账单（收账通知）

2. 5 日，从开户行借入期限为 6 个月生产周转用借款 30 000 元，存入公司银行账户，如图 2-20 所示。

3. 6 日，从红蔷薇工厂购入 A 材料 5 000 千克，买价 50 000 元，增值税进项税额 6 500 元。款项尚未支付，材料同时验收入库，填写 002 号收料单，如图 2-21 所示。

借款凭证（回单）

单位编号： 日期： 年 月 日 银行编号：

借款人	全 称		收款人	全 称	
	账 号			账 号	
	开户银行			开户银行	

借款期限（最后还款日）		利率		起息日期	

借款申请金额	人民币：（大写）		千	百	十	万	千	百	十	元	角	分
借款原因及用途		银行核定金额	千	百	十	万	千	百	十	元	角	分

期限	计划还款日期	√	计划还款金额	分次还款记录	期次	还款日期	还款金额	结欠
1								
2								
3								
4								

备注：

上述借款业已同意贷给并转入你单位往来账户借款到期时应按期归还。此致

借款单位

（银行盖章） 年 月 日

此联转账后退给借款单位

图 2-20 借款凭证（回单）

收　　料　　单

供应单位：　　　　　　　　　　　　　　　　　　　　　　　　　　收料单编号：

材料类别：　　　　　　　　　年　　月　　日　　　　　　　　　　收料仓库：

编号	名称	规格	单位	数量		实际成本					备注
				应收	实收	买价		运杂费	其他	合计	
						单价	金额				
合　　计											

第三联　记账联

主管：　　　　采购员：　　　　检验员：　　　　记账员　：　　　　保管员：

图 2-21　收料单

4. 10 日，从银行提取现金 3 000 元，以备日常开销，如图 2-22 所示。

现金支票存根

X VI1003682

附加信息＿＿＿＿＿＿

出票日期　年　月　日

收款人：
金　额：
用　途：

中国建设银行现金支票　　　　X VI1003682

本支票付款期限十天

出票日期（大写）　年　　月　　日　　付款行名称：

收款人：　　　　　　　　　　　　　　出票人账号：

人民币（大写）	千	百	十	万	千	百	十	元	角	分

用途＿＿＿＿＿

上列款项请从

我账户内支付

单位主管　　　会计　　　　出票人签章　　　　复核　　　记账

图 2-22　中国建设银行现金支票

5. 11 日，车间生产乙产品从 3 号仓库领用 A 材料 300 千克，单价 10 元。填写 003 号领料单，如图 2-23 所示。

领　料　单

仓库：　　　　　　　　　　　　　年　　月　　日　　　　　　　　　　领料单编号：

<table>
<tr><td rowspan="2">编号</td><td rowspan="2">类别</td><td rowspan="2">材料名称</td><td rowspan="2">规格</td><td rowspan="2">单位</td><td colspan="2">数　量</td><td colspan="2">实际成本</td></tr>
<tr><td>请 领</td><td>实　发</td><td>单价</td><td>金　额</td></tr>
<tr><td></td><td></td><td></td><td></td><td></td><td></td><td></td><td></td><td></td></tr>
<tr><td></td><td></td><td></td><td></td><td></td><td></td><td></td><td></td><td></td></tr>
<tr><td rowspan="3">用途</td><td colspan="4" rowspan="3"></td><td colspan="2">领料部门</td><td colspan="2">发料部门</td></tr>
<tr><td>负责人</td><td>领料人</td><td>核准人</td><td>发料人</td></tr>
<tr><td></td><td></td><td></td><td></td></tr>
</table>

第三联　记账联

图 2-23　领料单

6. 14 日，供销科采购员海利到郑州出差，预借差旅费 500 元，以现金支付，如图 2-24 所示。

差旅费借款单

年　　月　　日　　　　　　　　No.

<table>
<tr><td>借款人</td><td></td><td>借款单位</td><td></td></tr>
<tr><td>借款事由</td><td></td><td>出差地点</td><td></td></tr>
<tr><td>借款金额</td><td colspan="3">人民币（大写）：　　　　　　　　　　　　¥ ________</td></tr>
</table>

审核：　　　　　单位负责人：　　　　　　出纳：　　　　　　借款人：

图 2-24　差旅费借款单

7. 15 日，销售给蓝月亮工厂（纳税人识别号：911301562345678923）甲产品 300 件，每件售价 300 元，计 90 000 元，增值税销项税额 11 700 元，款项已收存银行存款户，如图 2-25 所示。

8. 16 日，采购员海利出差回来，报销差旅费 465 元，退回差旅费剩余款 35 元，如图 2-26、图 2-27 所示。

电子发票（增值税专用发票）

发票号码：30482799000000001489
开票日期：

购买方信息	名称： 统一社会信用代码/纳税人识别号：			销售方信息	名称： 统一社会信用代码/纳税人识别号：		
项目名称	规格型号	单位	数量	单价	金额	税率/征收率	税额
合　计							
价税合计（大写）				（小写）			
备注							

开票人：

图 2-25　增值税专用发票

差　旅　费　报　销　单

报销日期：　　年　　月　　日

部门			出差人			出差事由								
出发			到达			交通工具	单据	车船费	出差补助			其他费用		
月	日	地点	月	日	地点				天数	标准	金额	项目	单据	金额
合计：														
报销总额	¥______		经审核后报销金额	人民币（大写）						¥______				

主管：　　审核：　　报销人：

图 2-26　差旅费报销单

电子发票（增值税普通发票）

发票号码：30482546000000006587
开票日期：2024年4月16日

<table>
<tr><td>购买方信息</td><td>名称：石家庄市财贸有限责任公司
统一社会信用代码/纳税人识别号：911301323345678911</td><td>销售方信息</td><td>名称：河南郑州市汉庭酒店管理有限公司
统一社会信用代码/纳税人识别号：911224068013578814</td></tr>
</table>

项目名称	规格型号	单位	数量	单价	金额	税率/征收率	税额
*住宿服务*住宿费		间	1	113.21	113.21	6%	6.79
合　计					¥113.21		¥6.79
价税合计（大写）	⊗壹佰贰拾圆整				（小写）¥120.00		
备注							

开票人：孙丽

（a）

石家庄 G293 → 郑州　　郑州站

2024年4月14日　8:46开08车09E号

全价150.00元　　二等座

仅供报销使用

130135**********3465 海利

（b）

郑州 G294 → 石家庄　　石家庄 站

2024年4月16日　14:46开12车06A号

全价150.00元　　二等座

仅供报销使用

130135**********3465 海利

（c）

图 2-27　收据

（a）电子发票；（b）火车票（1）；（c）火车票（2）

河南省公路汽车客票

No 2197319

肆 拾 伍 元

2024年4月15日

130135**********3465 海利

本票含附加费和保险费

撕角作废仅作报销凭证

（d）

收　据

年　月　日　　No.0000624

今收到＿＿＿＿＿＿＿＿

交　来＿＿＿＿＿＿＿＿

人民币（大写）＿＿＿＿＿＿　¥＿＿＿＿

收款单位（章）　收款人＿＿＿＿　交款人＿＿＿＿

第三联 记账凭证

（e）

图2-27　收据（续）

（d）汽车票；（e）收据

9. 30日，根据本月领料情况，编制领料凭证汇总表。生产甲产品领用A材料40 000元，生产乙产品领用A材料5 000元，领用B材料18 000元。车间领用B材料3 000元，管理部门领用B材料1 000元，如表2-3所示。

表2-3　领料凭证汇总表

年　月　日

材料种类	领料部门及用途				金额合计
	甲产品	乙产品	车间耗用	管理部门	
A材料					
B材料					
合计					

10. 30 日，结转本月完工入库产品的生产成本。其中：甲产品 500 件全部完工，总成本 67 086元，乙产品 400 件全部完工，总成本 43 314 元。填写 001 号入库单，如图 2-28 所示。

产品入库单

年　　月　　日　　　　　　　　　　第　　号

名称	单位	数量	单价	金额									备注
				百	十	万	千	百	十	元	角	分	
合　计													

第三联　记账联

仓库主管：　　会计：　　质检员：　　保管员：　　经手人：

图 2-28　产品入库单

11. 30 日，结转本月销售甲产品 300 件的生产成本 40 252 元，销售乙产品 250 件的生产成本 27 071 元。填写 002 号出库单，如图 2-29 所示。

产品出库单

年　　月　　日　　　　　　　　　　第　　号

名称	单位	数量	单价	金额									用途或原因
				百	十	万	千	百	十	元	角	分	
合　计													

第三联　记账联

仓库主管：　　会计：　　质检员：　　保管员：　　经手人：

图 2-29　产品出库单

12. 30 日，经生产部门核定，生产车间为生产丙产品签发 02 号领料单如下：

材料名称：C 材料　　本月领用限额：800 千克　　材料单价：10. 00 元

材料员张强经车间负责人周明审批，2 日请领材料 600 千克，实领材料 600 千克；11 日请领材料 200 千克，实领 200 千克。仓库负责人林娜通知马力负责发料，如图 2-30 所示。

限额领料单

领料部门：　　　　　　　　年　　月　　　　　　　　用途：

材料名称	规格	单位	计划投产量	单位消耗定额	领用限额	实发		
						数量	单价	金额

日期	领用			退料			限额结余数量
	数量	领料人	发料人	数量	退料人	收料人	

供应部门负责人：　　　　　　生产计划部门负责人：　　　　　　仓库负责人：

图2-30　限额领料单

职业能力训练

1. 判断题（下列答案中正确的打“√”，错误的打“×”）

（1）自制原始凭证都是一次凭证，外来原始凭证绝大多数是一次凭证。（　　）

（2）原始凭证都是以实际发生或完成的经济业务为依据而填制的。（　　）

（3）一般按会计凭证的填制程序和用途不同，将其划分为两类，即：一次原始凭证和汇总原始凭证。（　　）

2. 选择题（下列答案中有一项或者多项是正确的）

（1）（　　）是记录经济业务发生或完成情况的书面证明，也是登记账簿的依据。

A. 科目汇总表　B. 原始凭证　C. 会计凭证　D. 记账凭证

（2）会计凭证按其（　　）不同，可以分为原始凭证和记账凭证两类。

A. 反映业务的方法　B. 填制方式

C. 取得来源　D. 填制的程序和用途

（3）下列属于一次凭证的原始凭证有（　　）。

A. 领料单　B. 限额领料单

C. 领料凭证汇总表　D. 发货票

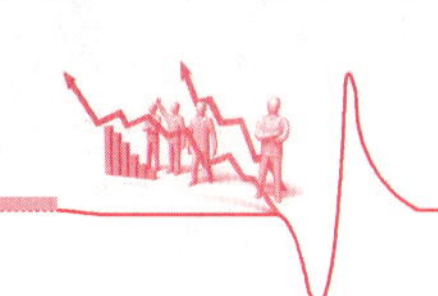

任务二 熟悉原始凭证的审核

根据任务资料给出的各项经济业务，正确填制与经济业务相关的原始凭证，掌握常见原始凭证的审核方法。

原始凭证的审核是保证会计信息真实正确和合法的前提，是充分发挥会计监督作用的重要环节。只有经过会计人员审核无误的原始凭证才能作为记账的依据。原始凭证的审核内容主要包括以下两个方面。

一、审核原始凭证的真实性、完整性和正确性

原始凭证是会计核算的原始资料，其真实与否直接影响着会计信息的质量。其真实性审核包括：原始凭证是否根据实际发生的经济业务填列，有无掩盖、伪造、歪曲和颠倒；原始凭证的日期、业务内容和数据是否真实等。

审核原始凭证各项内容是否填写齐全、是否盖有公章；接受单位是否为本单位；公章与填制单位名称是否相符；日期填写是否正确；发票内品名、数量、单价、金额是否填错或计算错误；大写金额和小写金额是否相符；有关部门和人员的签章是否齐全。

二、审核原始凭证的及时性、合法性和合理性

原始凭证的及时性是保证会计信息质量的基础。为此，要求在经济业务发生或完成时及时填制有关原始凭证，及时进行凭证的传递。

审核原始凭证中反映的经济业务是否符合国家和有关部门的政策、法令、制度、规定和本单位的计划、预算等有关文件。

会计人员对记载不准确、不完整的原始凭证予以退回，并要求有关部门按照国家统一的会计制度的规定补充、更正；对不真实、不合法的原始凭证有权不予接受，并向单位负责人报告。

原始凭证的审核是一项十分重要的工作，经审核的原始凭证应根据不同情况处理：

（1）对于完全符合要求的原始凭证，应及时据以编制记账凭证入账。

（2）对于真实、合法、合理但内容不够完整、填写有错误的原始凭证，应退回给有关经办人员，由其负责将有关凭证补充完整、更正错误或重开后，再办理正式会计手续。

（3）对于不真实、不合法的原始凭证，会计机构和会计人员有权不予接受，并向单位负责人报告。

任务实施

★案例资料

东盛公司小张作为财务主管，在审核单位结算业务资料的过程中发现以下情况：作为财务人员的小李在签发 10 月 15 日的现金支票时，在“出票日期”栏中填写“零拾月拾伍日”。通过案例资料，结合银行票据出票日期书写的相关规定，分析小李在签发现金支票时，填写的出票日期对吗？你认为如何写才是正确的？

★问题解析

一般情况下，涉及银行票据的出票日期必须使用中文大写。为防止变造票据的出票日期，在填写月、日时，月为壹、贰和壹拾的，日为壹至玖和壹拾、贰拾和叁拾的，应在其前加“零”；日为拾壹至拾玖的，应在其前加“壹”。票据出票日期使用小写填写的，银行不予受理。大写日期未按规范填写的，银行可予受理，但由此造成的损失，由出票人自行承担。

职业能力训练

1. 判断题（下列答案中正确的打“√”，错误的打“×”）

（1）审核原始凭证的正确性，就是要审核原始凭证所记录的经济业务是否符合企业生产经营活动的需要、是否符合有关的计划和预算。（　　）

（2）正确填制和审核会计凭证，是会计核算的基本方法之一，也是会计核算工作的起点和基本环节。（　　）

2. 选择题（下列答案中有一项或者多项是正确的）

（1）原始凭证的审核内容包括（　　）。

A. 有关数量、单价、金额是否正确无误

B. 是否符合有关的计划和预算

C. 记录的经济业务的发生时间

D. 有无违反财经制度的行为

（2）对原始凭证发生的错误，正确的更正方法是（　　）。

A. 由出具单位重开或更正

B. 由本单位的会计人员代为更正

C. 金额发生错误的，可由出具单位在原始凭证上更正

D. 金额发生错误的，应当由出具单位重开

3. 任务实训

请对本项目中的任务二已填制完成后的原始凭证进行逐一审核。

素养课堂

【主题】确保“客观公正”，坚持“实事求是”，勇于对不合法行为说“不”

【背景】

2023 年 10 月底，东盛公司作为财务主管的小张在审核出差报销等相关业务凭证时，发现该公司会计人员王某在办理 10 月 12 日的报销业务工作中，收到 2 张乙公司开具的销货发票，且均有更改现象：其中一张发票更改了数量和用途；另一张发票更改了金额。两张发票均有乙公司的单位印章。当时，王某已全部予以报销。

【提示】

原始凭证的审核是一项十分重要的工作，经审核的原始凭证应根据不同情况处理：对于真实、合法、合理但内容不够完整、填写有错误的原始凭证，应退回给有关经办人员，并要求有关部门按照国家统一的会计制度的规定，由其负责将有关凭证补充完整、更正错误或重开后，再办理正式会计手续。原始凭证记载内容有错误的，应当由开具单位重开或更正。原始凭证的金额出现错误的不得更正，只能由原始凭证开具单位重新开具。对于不真实、不合法的原始凭证，会计机构和会计人员有权不予接受，并向单位负责人报告。

【反思】

通过上述资料，结合原始凭证的审核要求，分析会计人员王某将原始凭证均予以报销的做法是否正确，简要说明理由。

项目评价

<table>
<tr><td>项目名称</td><td>考核内容</td><td>分值</td><td>考核要求及评分标准</td><td>得分</td></tr>
<tr><td rowspan="8">项目二
填制与审核
原始凭证</td><td rowspan="2">职业能力训练</td><td>10</td><td>判断正确并能说明理由</td><td></td></tr>
<tr><td>10</td><td>选择正确并能说明理由</td><td></td></tr>
<tr><td rowspan="4">实务训练</td><td>10</td><td>积极参与课前调研和学习</td><td></td></tr>
<tr><td>20</td><td>案例分析思路清晰、解析明确</td><td></td></tr>
<tr><td>20</td><td>领会原始凭证的概念、种类及填制和审核要求</td><td></td></tr>
<tr><td>20</td><td>掌握原始凭证的填制方法</td><td></td></tr>
<tr><td rowspan="2">职业素养</td><td>5</td><td>学习态度严谨，团队协作能力强</td><td></td></tr>
<tr><td>5</td><td>具有良好的职业道德修养</td><td></td></tr>
<tr><td colspan="2">合计</td><td>100</td><td>实际总得分</td><td></td></tr>
<tr><td colspan="5">学生自评</td></tr>
<tr><td colspan="3">评价内容</td><td colspan="2">评价等级（★★★、★★、★）</td></tr>
<tr><td colspan="3">课堂互动积极，愿意和老师互动</td><td colspan="2"></td></tr>
<tr><td colspan="3">能够自主学习，及时解决问题</td><td colspan="2"></td></tr>
<tr><td colspan="3">积极参与调研，与小组同伴相处融洽</td><td colspan="2"></td></tr>
<tr><td colspan="3">能够积极主动地完成课堂任务</td><td colspan="2"></td></tr>
<tr><td colspan="3">能够总结归纳本节课的知识内容</td><td colspan="2"></td></tr>
</table>

项目三

填制与审核记账凭证

项目导航

本项目将学习记账凭证的填制方法。首先学习会计对象、会计要素、会计科目、会计账户的概念，进而掌握复式记账法、借贷记账法的应用。在此基础上学习填制记账凭证。通过本项目的学习，掌握工业企业筹资、供应、生产、销售。利润核算及利润形成、分配各环节相关业务记账凭证的填制方法，为登记会计账簿做好准备。

职业能力目标

1. 掌握会计对象、会计要素的概念，理解会计基本等式及平衡关系。
2. 掌握会计科目、账户的概念，明确会计科目与账户之间的区别与联系。
3. 熟悉各类账户结构。
4. 掌握复式记账法、借贷记账法的概念及基本内容；能够熟练地编制筹资、供应、生产、销售、利润形成和分配的会计分录；熟练运用借贷记账法填制记账凭证。
5. 掌握记账凭证的填制方法；根据经济业务内容会准确选择收款凭证、付款凭证和转账凭证三种不同类型的记账凭证。
6. 熟悉记账凭证的审核内容，能准确审核记账凭证。
7. 了解会计凭证的传递程序和保管方法。

职业素养目标

培养学生树立成本控制意识，具有敬业、严谨的职业素养，提高学生对企业日常经济业务的会计处理能力。

任务一　划分会计要素，确立会计等式

各单位发生的各项经济业务事项应当统一进行会计核算。会计核算的对象是资金运动。为了准确地反映公司资金的逐渐变化及其动态，须将资金进一步细化，直至细化到具体的项目。会计要素是对会计对象所做的基本分类，是会计核算对象的具体化，用于反映会计主体财务状况和经营成果的基本单位，也是构成会计报表的基本要素。会计要素之间的内在联系存在数学表达式，即会计等式，会计等式是编制财务报表的理论依据。

一、会计要素的含义

会计要素是根据交易或事项的经济特征所确定的财务会计对象和基本分类，是会计对象的组成部分，也是会计核算对象的具体化。企业会计要素分为资产、负债、所有者权益、收入、费用和利润六大类。

二、企业会计要素分类

（一）资产

1. 资产的含义

资产，是指企业过去的交易或事项形成，由企业拥有或控制，预期会给企业带来经济利益的资源。

2. 资产的特征

（1）资产是由过去的交易或事项所形成的。

（2）资产应当为企业所拥有或控制。

（3）预期会给企业带来经济利益。

3. 资产的分类

根据资产的流动性，可以分为流动资产和非流动资产。

（1）流动资产是指可以在一年内（含一年）或超过一年的一个营业周期内变现的资产，包括货币资金、应收债权、短期投资、存货等。

①库存现金是指由企业出纳人员保管并存放在企业内部保险柜里的现钞（钞票），包括人民币和各种外币。

②银行存款是指企业存放在银行或其他金融机构的货币资金。

③应收及预付款项是指企业在日常生产经营过程中发生的各种债权，包括应收账款、预付账款、应收票据、其他应收款等。

④存货，是指企业在日常活动中持有以备出售的产成品或商品、处于生产过程中的在产品、在生产过程或提供劳务过程中耗用的材料和物料等。

（2）非流动资产是指除流动资产以外的其他资产，包括长期股权投资、固定资产、无形资产等。

①固定资产是指企业为生产商品、提供劳务、出租或经营管理而持有的，使用年限在一年以上的房屋、建筑物、机器、机械、运输工具，以及其他与生产经营有关的设备、器具工具等。

②无形资产是指企业拥有或控制的没有实物形态可辨认的非货币性资产，包括专利权、非专利技术、商标权、著作权、土地使用权等。

③其他资产是指除流动资产、固定资产、无形资产以外的资产，如长期待摊费用。

资产的分类如图 3-1 所示。

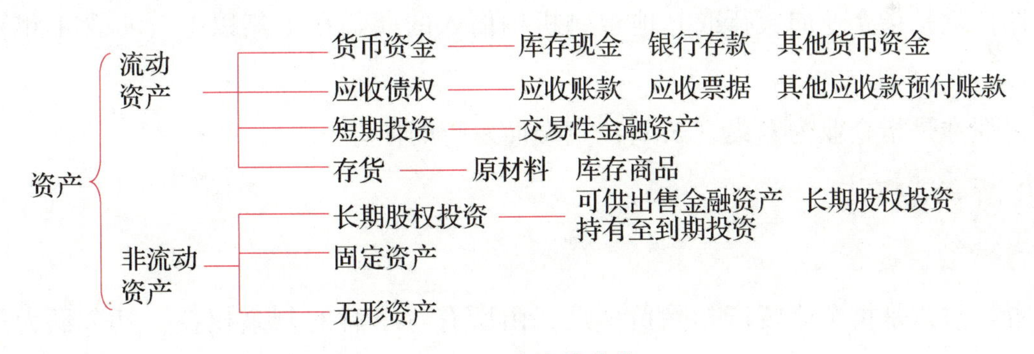

图 3-1　资产的分类

（二）负债

1. 负债的含义

负债，是指企业过去的交易或事项形成的，预期会导致经济利益流出企业的现时义务。

2. 负债的特征

（1）负债是基于过去的交易或事项而产生的。

（2）负债是企业承担的现时义务。

（3）现时义务的履行通常关系到企业放弃含有经济利益的资产，以满足对方的要求。

（4）负债通常是在未来某一时日通过交付资产（包括现金和其他资产）或提供劳务来清偿。现时的负债代表着企业未来经济利益的付出。

3. 负债的分类

按其偿还期的长短，可分为流动负债和非流动负债。

（1）流动负债是指将在一年（含一年）或超过一年的一个营业周期内偿还的债务，包括短期借款、应付票据、应付账款、预收账款、应付职工薪酬、应付股利、应交税费、其他应付款等。

①短期借款是指企业向银行或其他金融机构等借入的期限在1年以下（含1年）的各种款项。

②应付票据是指企业购买材料、商品和接受劳务供应等而开出、承兑的商业汇票。

③应付账款是指企业购买材料、商品和接受劳务供应等而应付给供应单位的款项。

④预收账款是指按照合同规定，企业向购货单位预收的款项。

⑤应付职工薪酬是指应支付给职工的各种薪酬等。

⑥应付股利是指应付给投资者的现金股利或利润。

⑦应交税费是指应向国家缴纳的各项税费。

⑧其他应付款是指除上述负债以外的其他各项应付、暂收的款项。

（2）非流动负债是指除流动负债以外的负债，偿还期在一年或超过一年的一个营业周期以上的债务，包括长期借款、应付债券、长期应付款等。

①长期借款是指企业向银行或其他金融机构借入的期限在1年以上（不含1年）的各项借款。

②应付债券是指企业为筹集（长期）资金而发行的债券。

（三）所有者权益

1. 所有者权益的含义

所有者权益，是指企业资产扣除负债后，由所有者享有的剩余权益，其金额为资产减去负债后的余额，即投资者对企业净资产的所有权。

2. 所有者权益的内容

实收资本是指投资者实际投入企业经营活动的各种财产物资。投资者投入资本的形式可以有多种，如可以用现金投资，也可以用非现金资产投资，符合国家规定比例的，还可以用无形资产投资。

资本公积是指企业收到投资者出资额超出其在企业注册资本或股本中所占份额的部分（记入“资本公积——资本溢价”科目或“资本公积——股本溢价”科目），以及直接计入所有者权益的利得和损失。

盈余公积是指企业按照规定从净利润中提取的各种公积金，一般用来弥补亏损和转增资

本，也可以用来发放现金股利或者利润等，包括法定盈余公积、任意盈余公积。

未分配利润，是指企业实现的净利润经过弥补亏损、提取盈余公积和向投资者分配利润后留存在企业的、历年结存的利润。未分配利润与盈余公积一起，通常被称为留存收益。

权益的组成内容如图 3-2 所示。

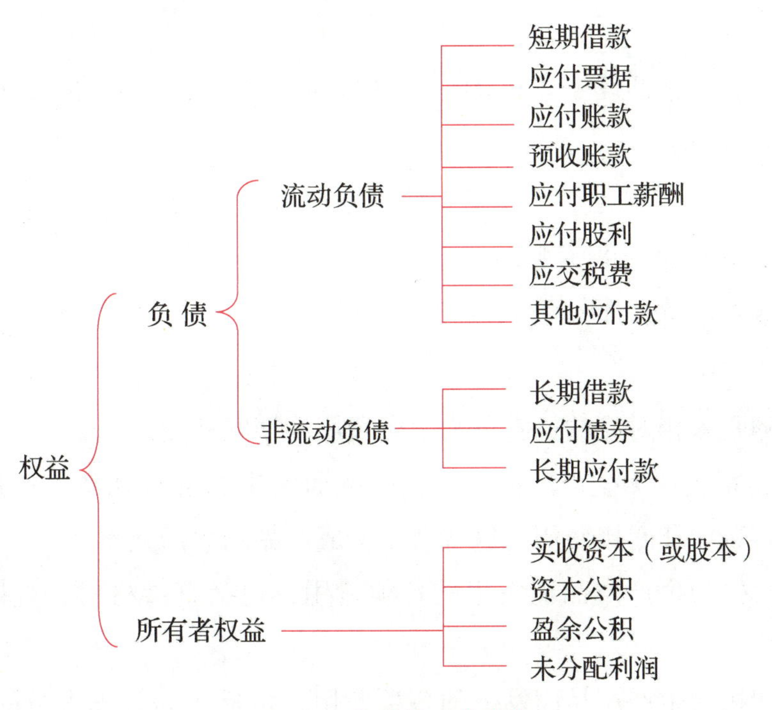

图 3-2　权益的组成内容

（四）收入

1. 收入的含义

收入，是指企业在日常活动中形成的、会导致所有者权益增加，与所有者投入资本无关的经济利益的总流入。

2. 收入的特征

（1）收入从企业的日常活动中产生，而不是从偶发的交易或事项中产生。

（2）收入的取得必定会导致经济利益的流入，可能表现为企业资产的增加，也可能表现为企业负债的减少，或者二者兼而有之。

（3）收入能导致企业所有者权益的增加。

（4）收入只包括本企业经济利益的流入，不包括为第三方或客户代收的款项，如增值税、代收利息等。

3. 收入的构成

收入包括主营业务收入和其他业务收入。

（1）主营业务收入是指企业销售商品，提供劳务等日常经济活动中所发生的经济利益的总流入，例如，工业企业的产品销售收入、旅店的客房收入、施工企业的建筑工程收入等。

（2）其他业务收入是指主营业务收入以外的其他销售或其他业务的收入，如出租包装物收入、剩余材料的销售收入、技术转让收入、运输收入等非工业性劳务所取得的收入等。

（五）费用

1. 费用的含义

费用，是指企业在日常活动中发生的、会导致所有者权益减少的、与向所有者分配利润无关的经济利益的总流出。

2. 费用的特征

（1）费用最终会减少企业的资源。

（2）费用最终会减少企业的所有者权益。

3. 费用的构成

费用是与前面的收入相对应的，它分为生产费用和期间费用。

（1）生产费用是指企业为生产产品、提供劳务而发生的各种耗费，包括为生产产品、提供劳务而发生的直接费用和间接费用，这些费用构成产品的生产成本。

直接费用是指直接为生产产品而发生的各项费用，包括直接材料、直接人工和其他直接支出。

间接费用是指间接为生产产品而发生的各项费用，包括车间管理人员的工资、一般耗材、车间办公费等。

（2）期间费用是指不计入产品成本的费用，包括管理费用、销售费用、财务费用。

（六）利润

1. 利润的含义

利润，是指企业在一定会计期间的经营成果。其公式如下：

营业利润=营业收入-营业成本-税金及附加-销售费用-管理费用-财务费用-资产减值损失+投资收益

利润总额=营业利润+营业外收入-营业外支出

净利润=利润总额-所得税费用

2. 利润的特征

（1）利润是企业在一定会计期间的经营成果。

（2）利润的实现，表现为资产的增加或负债的减少，最终为所有者权益的增加。

三、会计等式

会计等式，又称会计恒等式、会计方程式或会计平衡等式，它是表明各会计要素之间基

本关系的等式。

会计等式揭示了会计主体的产权关系和基本财务状况。会计等式是企业设置账户、复式记账和编制财务报表的理论依据。

会计等式

（一）财务状况等式

任何企业要从事生产经营活动，都必须拥有一定数量和质量的能给企业带来经济利益的资产，这些资产要么是所有者的投入资本，要么是债权人的借入资金。因此，每一项资产都有其来源，都代表着相应的权益。也就是说，所有者投入不是无偿的，而是对所提供的资产存在相应的要求权，在会计上称为"权益"。

资产表明企业的资金占用情况，即企业拥有什么样的经济资源和多少经济资源。资金来源即权益，表明谁提供了这些经济资源，谁就对这些经济资源拥有要求权。由此可见，资产与权益实际上是所拥有的经济资源在同一时点所表现的不同形式。企业有多少数额的资产，必有其等量的权益，即资产与权益在任何一个时点上都必然保持恒等的关系，这种恒等关系用公式表示，即：

资产＝权益

企业的资产来自企业的所有者和债权人，所以权益又分为所有者权益和债权人权益，在会计上债权人权益称为负债。因此，会计恒等式也可表示为：

会计恒等式

资产＝负债+所有者权益

这一等式反映企业在某一特定时点上的资产、负债、所有者权益三者之间的平衡关系，因此，该等式又称为财务状况等式、静态会计等式。由于该等式是会计等式中最通用的、最一般的形式，因此，它通常也称为会计基本等式，是编制资产负债表的基本依据。

（二）经营成果等式

企业经营的目的之一是获取收入，实现盈利。企业在取得收入的同时，必然要发生相应的费用。通过收入与费用的比较，才能确定一定时期内企业的盈利水平，即确定实现的利润总额。这些要素之间的关系用公式表示为：

收入－费用＝利润

收入、费用、利润等会计要素之间的这种基本关系，实际上是企业利润计量的基本模式，其含义为：①收入的取得和费用的发生，直接影响企业利润的确定；②来自特定会计期间的收入与其相关费用进行配比，可以确定该期间企业的利润数额；③利润是收入与相关费用之间进行比较形成的差额。

这一等式反映了利润的实现过程，称为经营成果等式或动态会计等式，是编制利润表的基本依据。

（三）财务状况与经营成果相结合的等式

"资产＝负债+所有者权益"反映企业资金运动的静态状况，"收入－费用＝利润"则反映企业资金运动的动态状况。静止是相对的，运动则是绝对的，但运动的结果最终将以相对静止的状态表现出来。从而，不难得出如下的钩稽关系：

资产=负债+所有者权益+(收入-费用)=负债+所有者权益+利润

由上述等式，可见企业一定期间的经营成果必然会影响一定时点的财务状况。即收入可导致企业资产增加或负债减少，最终将导致所有者权益增加；费用可导致企业资产减少或者负债增加，最终将会导致所有者权益减少。

四、经济业务的发生不会破坏会计等式的平衡关系

从“资产=负债+所有者权益”出发，结合企业经济活动的实际，可以推断出四种基本类型的交易。

（1）资产与负债或所有者权益同时增加相同数额，不会破坏会计等式。

（2）资产与负债或所有者权益同时减少相同数额，不会破坏会计等式。

（3）资产内部增加与减少相同数额，不会破坏会计等式。

（4）负债和所有者权益增加和减少相同数额，不会破坏会计等式。

任务实施

★案例资料

石家庄市万科工厂 2024 年 4 月 30 日资产总额为 500 000 元，其资产和权益的分布情况如表 3-1 所示。

表 3-1　资产和权益的分布情况　　单位：元

资产	金额	权益	金额
库存现金	1 000	短期借款	70 000
银行存款	87 200	应付账款	50 000
应收账款	36 000	长期借款	80 000
原材料	68 000	实收资本	300 000
生产成本	42 800		
库存商品	65 000		
固定资产	200 000		
资产总额	500 000	权益总额	500 000

5 月发生如下会计事项：

1. 资产增加，权益等额增加

【例 3-1】 5 日收到国家投资 200 000 元，存入银行。

这一会计事项使企业的资产项目“银行存款”增加了 200 000 元，同时使企业的权益项目（所有者权益）“实收资本”也增加了 200 000 元。用会计等式表示如下：

期初资产		500 000	=	期初权益		500 000
银行存款	+	200 000		实收资本	+	200 000
		700 000				700 000

这一会计事项涉及会计等式的两边，使企业的资产总额和权益总额都由原来的 500 000 元增加到 700 000 元，资产总额和权益总额保持平衡。

2. 资产减少，权益等额减少

【例 3-2】 10 日以银行存款 60 000 元，归还短期借款。

这一会计事项使企业的资产项目“银行存款”减少了 60 000 元，同时使企业的权益项目（负债）“短期借款”也减少了 60 000 元。用会计等式表示如下：

资产		700 000	=	权益		700 000
银行存款	−	60 000		短期借款	−	60 000
		640 000				640 000

这一会计事项也涉及会计等式的两边，使企业的资产总额和权益总额都由原来的 700 000 元减少到 640 000 元，资产总额和权益总额保持平衡。

3. 一项资产增加，另一项资产等额减少

【例 3-3】 17 日车间因生产产品领用原材料一批，价值 12 000 元。

这一会计事项使企业的资产项目“原材料”减少了 12 000 元，材料投入生产，转化为生产费用，使“生产成本”增加了 12 000 元。用会计等式表示如下：

资产		640 000	=	权益	640 000
生产成本	+	12 000			
原材料	−	12 000			
		640 000			640 000

这一会计事项只涉及会计等式的左边，使企业的两个资产项目以相等的金额一增一减，资产的总额不变。资产总额和权益总额保持平衡，仍为 640 000 元。

4. 一项权益增加，另一项权益等额减少

【例 3-4】 22 日借入短期借款 80 000 元，直接归还已到期的长期借款。

这一会计事项使企业的权益项目（负债）“短期借款”增加 80 000 元，同时使“长期借款”减少了 80 000 元。用会计等式表示如下：

资产	640 000	=	权益		640 000
			短期借款	+	80 000
			长期借款	-	80 000
	640 000				640 000

这一会计事项只涉及会计等式的右边，使企业的两个权益项目（负债）以相等的金额一增一减，权益的总额不变。资产总额和权益总额保持平衡，仍为 640 000 元。

上述举例表明，会计事项都会直接影响到会计要素在数量上的增减变化，但始终不会破坏会计等式的平衡关系。现将以上 4 例会计事项所引起的资产和权益增减变动的情况列表，如表 3-2 所示。

表 3-2 资产和权益增减变动的情况 单位：元

资产	4 月末	5 月份		5 月末	权益	4 月末	5 月份		5 月末
		增加	减少				增加	减少	
库存现金	1 000			1 000	短期借款	70 000	80 000	60 000	90 000
银行存款	87 200	200 000	60 000	227 200	应付账款	50 000			50 000
应收账款	36 000			36 000	长期借款	80 000		80 000	
原材料	68 000		12 000	56 000	实收资本	300 000	200 000		500 000
生产成本	42 800	12 000		54 800					
库存商品	65 000			65 000					
固定资产	200 000			200 000					
资产总额	500 000	212 000	72 000	640 000	权益总额	500 000	280 000	140 000	640 000

以上 4 例会计事项代表了企业资金运动引起资产和权益增减变化的 4 种类型。其中，例 1、例 2 两种类型引起会计等式两边等额同增或等额同减，例 3、例 4 两种类型引起会计等式某一边的等额增减。但无论哪种情况，资产总额和权益总额始终保持相等关系。所以，“资产 = 权益”这一平衡关系，不仅存在于资金运动的静止状态，而且存在于资金运动的运动状态，它是一

个客观存在的会计恒等式。资产和权益增减变化的 4 种类型如表 3-3 所示。

表 3-3　资产和权益增减变化的 4 种类型

经济业务类型	资产	=	权益
第一种类型	+	=	+
第二种类型	−		−
第三种类型	+ −		
第四种类型			+ −

在理解和运用“资产 = 权益”这一平衡关系时应注意：①这一会计等式，实际上已包含了资金耗费和资金收回。企业发生的成本、费用等资金耗费占用了企业的资金，因此，成本、费用可视同资产处理；企业的收入即资金收回，是企业资金的增加因素，因此，收入可视同资金来源，即权益处理。所以，4 种变化类型不仅是对资产和权益增减变化情况的归纳，也是对成本、费用和收入增减变化情况的归纳。②如果把权益划分为“负债”和“所有者权益”，即以“资产 = 负债+所有者权益”这一会计等式为基础观察、归纳会计事项，则上述 4 种变化类型就相应扩展为 9 种类型，如表 3-4 所示。

表 3-4　资产、负债和所有者权益增减变化的 9 种类型

经济业务类型		资产	=	负债 +	所有者权益
第一种类型	1	+	=	+	
	2	+			+
第二种类型	3	−		−	
	4	−			−
第三种类型	5	+ −			
第四种类型	6			+ −	
	7				+ −
	8			+	−
	9			−	+

这 9 种变化类型与前述 4 种变化类型相比，变化类型的数量增加了，但两者的平衡原理是完全一致的，经济业务对会计基本等式的影响如图 3-3 所示。

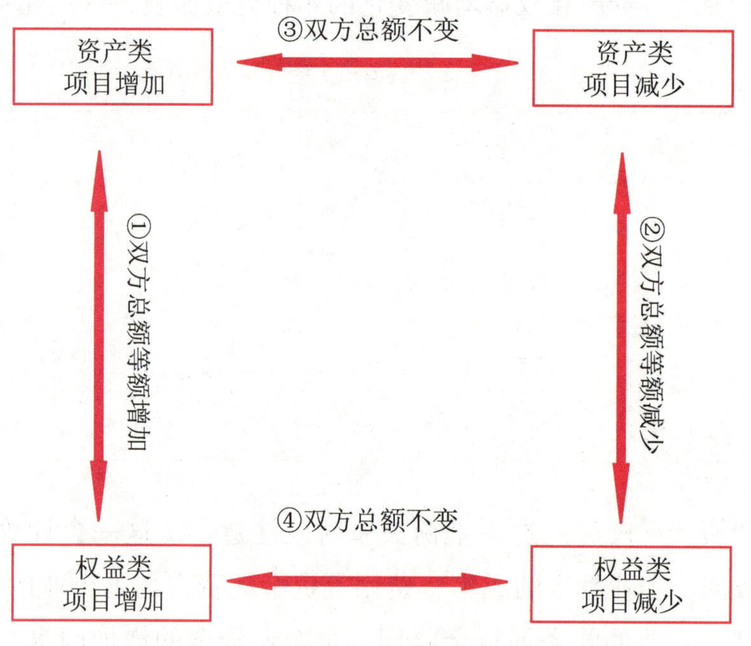

图 3-3 经济业务对会计基本等式的影响

这一平衡关系是复式记账、账户试算平衡和编制资产负债表的理论依据。

知识拓展

会计各要素的确认条件有以下几方面：

1. 资产确认条件

（1）符合资产定义；

（2）与该资源有关的经济利益很可能流入企业；

（3）该资源的成本或价值能够可靠地计量。

2. 负债确认条件

（1）符合负债的定义；

（2）与该义务有关的经济利益很可能流出企业；

（3）未来流出的经济利益的金额能够可靠地计量。

3. 收入确认条件

（1）符合收入的定义；

（2）与收入相关的经济利益很可能流入企业；

（3）经济利益流入企业的结果会导致企业资产的增加或负债的减少；

（4）经济利益的流入额能够可靠地计量。

4. 费用确认条件

（1）符合费用的定义；

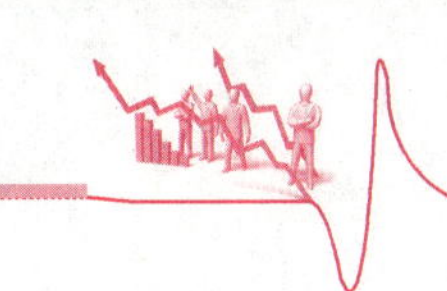

(2) 与费用相关的经济利益很可能流出企业；

(3) 经济利益流出企业的结果会导致企业资产的减少或负债的增加；

(4) 经济利益的流出额能够可靠地计量。

职业能力训练

1. 判断题（下列答案中正确的打“√”，错误的打“×”）

(1) 在会计要素中，实收资本、资本公积和盈余公积均属于投资者投入企业的资本。（　　）

(2) 在会计恒等式“资产=负债+所有者权益”中，负债与所有者权益可以统称为权益，但是负债与所有者权益的性质是不同的。（　　）

(3) 作为企业资产，必然是企业拥有其所有权的，会导致经济利益流入企业的经济资源。（　　）

(4) 所有者权益不需要偿还，除非发生减资、清算或分派现金股利。（　　）

(5) 资产与所有者权益在数量上始终是相等的。（　　）

2. 选择题（下列答案中有一项或者多项是正确的）

(1) 下列关于会计要素的表述中，不正确的是（　　）。

A. 会计要素是对会计对象的基本分类

B. 会计要素是对会计核算对象的具体化

C. 资产、负债和所有者权益称为静态会计要素

D. 资产、成本和利润构成利润表的基本框架

(2) 引起资产内部一个项目增加，另一个项目减少，而资产总额不变的经济业务是（　　）。

A. 用银行存款偿还短期借款　　B. 收到投资者投入的机器一台

C. 收到外单位前欠货款　　D. 用库存现金发放上月工资

(3)（　　）是指由过去的交易、事项形成并由企业拥有或者控制的资源，该资源预期会给企业带来经济利益。

A. 资产　　B. 负债　　C. 所有者权益　　D. 收入

(4) 某项经济业务发生后，一个资产账户记借方，则可能（　　）。

A. 另一个资产账户记贷方　　B. 另一个负债账户记贷方

C. 另一个所有者权益账户记贷方　　D. 涉及的其他账户都记借方

(5) 属于企业流动资产的有（　　）。

A. 现金和银行存款　　B. 预收账款　　C. 应收账款　　D. 存货

3. 任务实训

桃花岛公司 2024 年 4 月 30 日有关资产、负债的所有者权益资料如表 3-5 所示。

表 3-5　有关资产、负债的所有者权益资料

项　　目	金额/元	资产	负债	所有者权益
1）生产用厂房	190 000			
2）库存产成品	300 000			
3）应收回的货税款	50 000			
4）接受外商的资金投入	220 000			
5）库存产成品	150 000			
6）低值易耗品	40 000			
7）库存现金	2 000			
8）货运汽车一辆	60 000			
9）仓库一栋	120 000			
10）尚未偿还的银行借款	186 000			
11）银行存款	278 000			
12）国家投入的资金	500 000			
13）应付购料款	64 000			
14）本年已实现利润	120 000			
15）尚未缴纳的税金	10 000			
16）以前年度的留存利润	90 000			
合　　计				

要求：根据所给资料，划分资产、负债和所有者权益，并汇总各类金额，检验其平衡关系。

任务二　设置会计科目，开设会计账户

会计科目与账户，是财务人员从事财务工作时，必须记录的两个项目。会计科目，是设置账户的依据，而账户的设置，则能够反映会计要素的增减变动及结余情况，因此两者缺一

不可。学习时，掌握不同种类的会计科目与其一一对应的账户，并能正确运用会计处理方法的同时，培养职业判断能力和综合素质。

一、会计科目

（一）会计科目的概念

会计科目是对会计要素按照不同的经济内容和管理需要进行分类核算的项目。在实际工作中，会计科目也可简称为科目。会计科目是对会计要素的进一步分类，并对这种分类赋予一个既简明扼要，又通俗易懂的名称。

例如：

为了反映资产的详细信息，设置了“库存现金”“银行存款”“原材料”“固定资产”等会计科目。

为了反映负债的详细信息，设置了“短期借款”“应付账款”“应交税费”等会计科目。

为了反映所有者权益的详细信息，设置了“实收资本”等会计科目。

为了核算收入、费用的详细信息，设置了“主营业务收入”“生产成本”“管理费用”等会计科目。

（二）会计科目的分类

1. 按经济内容进行分类

会计科目按其所反映的经济内容，可分为五大类，即资产类科目、负债类科目、所有者权益类科目、成本类科目和损益类科目。

根据财政部2006年颁布的《企业会计准则》，企业常用的会计科目如表3-6所示。

表3-6　企业常用的会计科目

顺序号	编号	科目名称
		一、资产类
1	1001	库存现金
2	1002	银行存款
3	1012	其他货币资金
4	1101	交易性金融资产
5	1121	应收票据
6	1122	应收账款

续表

顺序号	编号	科目名称
7	1123	预付账款
8	1131	应收股利
9	1221	其他应收款
10	1231	坏账准备
11	1401	材料采购
12	1402	在途物资
13	1403	原材料
14	1405	库存商品
15	1411	周转材料
16	1511	长期股权投资
17	1601	固定资产
18	1602	累计折旧
19	1603	固定资产减值准备
20	1701	无形资产
21	1901	待处理财产损溢
		二、负债类
22	2001	短期借款
23	2201	应付票据
24	2202	应付账款
25	2203	预收账款
26	2211	应付职工薪酬
27	2221	应交税费
28	2232	应付股利
29	2241	其他应付款
30	2501	长期借款
		三、共同类（略）
		四、所有者权益类
31	4001	实收资本（或股本）
32	4002	资本公积
33	4101	盈余公积

续表

顺序号	编号	科目名称
34	4103	本年利润
35	4104	利润分配
		五、成本类
36	5001	生产成本
37	5101	制造费用
		六、损益类
38	6001	主营业务收入
39	6051	其他业务收入
40	6111	投资收益
41	6301	营业外收入
42	6401	主营业务成本
43	6402	其他业务成本
44	6403	税金及附加
45	6601	销售费用
46	6602	管理费用
47	6603	财务费用
48	6711	营业外支出
49	6801	所得税费用

2. 按其所提供信息的详细程度分类

会计科目按其所提供信息的详细程度，分为总账科目和明细科目。

（1）总账科目也称“总分类科目”或“一级科目”，是对资产、负债、所有者权益、收入、费用和利润进行总括分类的类别名称，如“应收账款”“应付账款”“原材料”等。

（2）明细科目也称“明细分类科目”或“细目”，是对总账科目所属经济内容作详细分类的类别名称，如“应收账款”科目按债务人名称设置明细科目，反映应收账款的具体对象；“原材料”科目按原料及材料的类别、品种和规格等设置明细科目，反映各种原材料的具体构成内容。

特别说明：

（1）企业不存在的交易或者事项，可不设置相关会计科目。

（2）总账科目由财政部统一制定，明细科目除会计制度规定设置的以外，企业可以根据本单位实际需要自行设置。

（3）会计科目编号供企业填制会计凭证、登记会计账簿、查阅会计账目、采用会计软件系统参考。

二、账户

（一）设置账户

1. 开设账户的意义

在会计核算过程中，当发生经济业务时，只能通过会计科目描述其涉及的内容，而不能将其涉及的内容记录下来，因为会计科目只规定了会计核算具体内容的类别名称。为了连续、系统、全面地记录由于经济业务的发生而引起的会计要素的增减变动，必须开设账户。

2. 账户的概念

账户是根据会计科目开设的，具有一定格式和结构，用于分类反映会计要素增减变动及其结果的一种工具。它由账户的名称（即会计科目）和账户的结构两部分组成。

设置账户是会计核算的一种专门方法。对各会计要素增减变动情况的记录是在账户中完成的。例如，企业存入银行款项的增减变动情况以及结存数额可以通过“银行存款”账户进行记录，企业实际收到的投资者投入的企业资本的变动情况，可以在“实收资本”账户中进行记录等。

3. 会计科目和账户的关系

联系：会计科目是设置账户的依据，是账户的名称，账户是会计科目的具体运用；会计科目所要反映的经济内容，就是账户所要登记的内容。

区别：会计科目仅仅是账户的名称，不存在结构问题，而账户则具有一定的格式和结构。

说明：在日常实践中，人们往往对会计科目和账户不加以严格区分，通常把会计科目作为账户的同义语，例如，将“登记××账户”说成是“登记××科目”。

（二）账户的基本结构

各项经济业务的发生必然会引起会计要素的具体内容增减变动，这种变动虽然复杂繁多，但从数量变化来看，不外乎增加和减少两种情况。因而，为了适应这种情况，账户的基本结构也分为左、右两个方向，一方登记增加，另一方登记减少，其基本结构如图 3-4 所示。

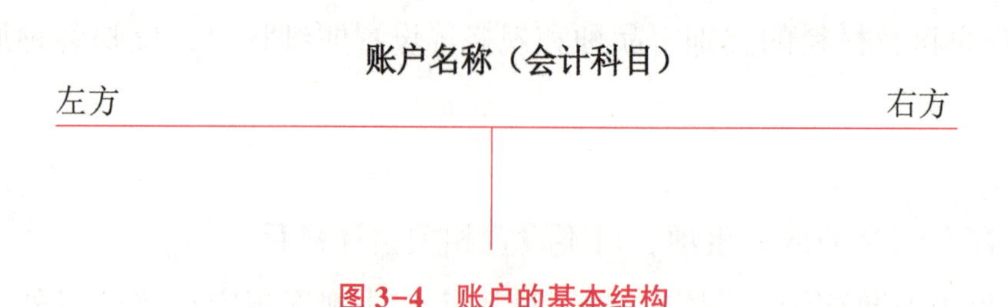

图 3-4　账户的基本结构

账户哪一方登记数额的增加，哪一方登记数额的减少，取决于所记录经济业务和账户的性质。我们将账户中登记本期增加的金额，称为账户的本期增加发生额；登记本期减少的金额，称为账户的本期减少发生额，增减相抵后的差额称为账户的余额，它反映会计要素增减变动的结果。

余额和发生额之间的关系是：

期末余额=期初余额+本期增加发生额−本期减少发生额

为了方便学习，通常用上述T形账户这种简单格式。使用这种格式可以很方便地将会计要素所发生的增减变动情况记录下来，并对其进行汇总。

在实际工作中，为了详细记录经济业务，并保证会计信息的真实、完整，账户必须使用正规格式。一个完整的账户应具体包括账户名称（会计科目）、记录经济业务的日期、记账凭证的编号、经济业务摘要、增减金额、余额等，如表3−7所示。

表3−7 账户名称（会计科目）

年		凭证编号	摘要	借方	贷方	借或贷	余额
月	日						

职业能力训练

1. 判断题（下列答案中正确的打“√”，错误的打“×”）

（1）账户是会计科目的名称。（ ）

（2）账户的借方反映资产和负债及所有者权益的增加，贷方反映资产和负债及所有者权益的减少。（ ）

（3）在所有的账户中，左方均登记增加额，右方均登记减少额。（ ）

（4）凡是余额在借方的都是资产类账户。（ ）

（5）负债类账户的结构与资产类账户的结构正好相反。（ ）

2. 选择题（下列答案中有一项或者多项是正确的）

（1）账户结构一般分为（ ）。

A. 左右两方　　B. 上下两部分

C. 发生额、余额两部分　　D. 前后两部分

（2）会计科目是（ ）。

A. 账户的名称　　B. 账簿的名称　　C. 报表项目的名称　　D. 会计要素的名称

(3) 期末结账后没有余额的账户是（　　）。

A 主营业务收入　　B. 生产成本

C. 投资收益　　D. 其他业务收入

(4) 账户中的各项金额包括（　　）。

A. 期初余额　　B. 本期增加额

C. 期末余额　　D. 本期减少额

(5) 在借贷记账法下，费用类账户期末结账后（　　）。

A. 一般没有余额　　B. 绝对没有余额

C. 借贷方都可能有余额　　D. 若有余额在贷方

任务三　运用借贷记账法

随着商品经济的发展，借贷记账法已经成为目前国际上比较通用的一种记账方法。其是以会计等式作为记账原理，以借贷作为记账符号，来反映经济业务增减变化的一种复式记账方法。学好借贷记账法，能够在实务中了解复式记账在实际应用中的意义，为以后从事会计工作打下坚实基础。

一、复式记账

记账方法，是指对发生的经济业务根据一定的原理，运用一定的记账符号和记账规则在账户中对发生的经济业务进行登记的方法。

复式记账法

人类曾使用过两大类记账方法：一种是单式记账法；另一种是复式记账法。

单式记账法是一种原始的、简单的、不完整的记账方法。其特征是对发生的每一笔经济业务，都只在一个账户中加以记录。

复式记账法是根据会计平衡公式的基本原理，对发生的每一项经济业务，都以相等的金额，在两个或两个以上相互联系的账户中进行登记的记账方法。

复式记账法可分为借贷记账法、收付记账法和增减记账法。我国《企业会计准则》明确

规定，企业会计核算必须采用借贷记账法。

二、借贷记账法

借贷记账法是以“借”和“贷”为记账符号的一种复式记账法。

（一）借贷记账法的记账符号

借贷记账法以“借”和“贷”为记账符号。“借”和“贷”仅仅代表记账方向，而不具有任何内在的含义。

要记录经济业务发生所引起会计要素的数量变动，而这种变动无非是“增加”或“减少”。一般来说，“借”方登记资产和成本、费用的增加，负债、所有者权益、收入、利润的减少；“贷”方登记负债、所有者权益、收入、利润的增加，资产、成本、费用的减少。

（二）借贷记账法的记账规则

记账规则：有借必有贷，借贷必相等。

采用借贷记账法，对于每项经济业务，都要在记入一个账户借方的同时，记入另一个或几个账户的贷方；或者在记入一个账户贷方的同时，记入另一个或几个账户的借方。而且记入借方的金额合计必须等于记入贷方的金额合计。

（三）借贷记账法的账户结构

账户的基本结构分为左、右两方。在借贷记账法下，账户的左方称为“借方”，右方称为“贷方”。登记在借方的数额称为“借方发生额”，登记在贷方的数额称为“贷方发生额”，两方数额相减后的差额称为“余额”。如果借方发生额大于贷方发生额，其余额称为借方余额；如果贷方发生额大于借方发生额，其余额称为贷方余额。其基本结构如图 3-5 所示。

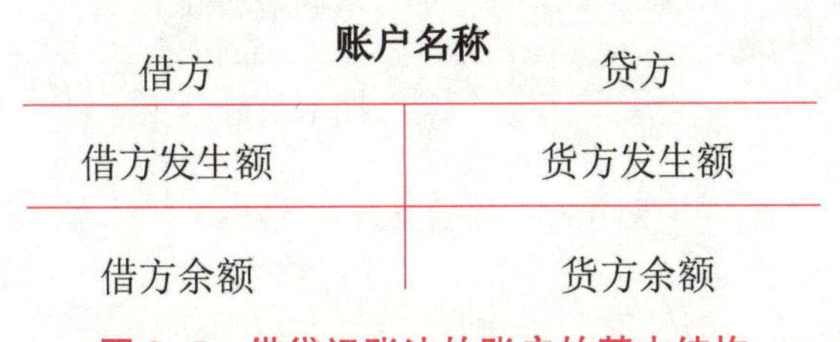

图 3-5　借贷记账法的账户的基本结构

1. 资产类账户的结构

资产类账户借方登记资产的增加，贷方登记资产的减少，余额一般在借方，表示资产的结存额。登记资产账户时，首先将上期的期末余额作为本期的期初余额登入余额栏内，注明“借方”字样。本期发生的涉及资产的经济业务，应按发生时间的先后顺序登入账户内，本期发生的增加额登记在借方，减少额登记在贷方。期末计算出本期借方发生额合计和贷方发生额合计，最后计算出期末余额。

资产账户的期末借方余额与本期发生额之间的关系，可用下列公式表示：

期末余额（借方）= 期初余额（借方）+本期借方发生额-本期贷方发生额

资产类账户的结构如图 3-6 所示。

资产类账户

借方	贷方
期初余额 本期增加额	本期减少额
期末余额	

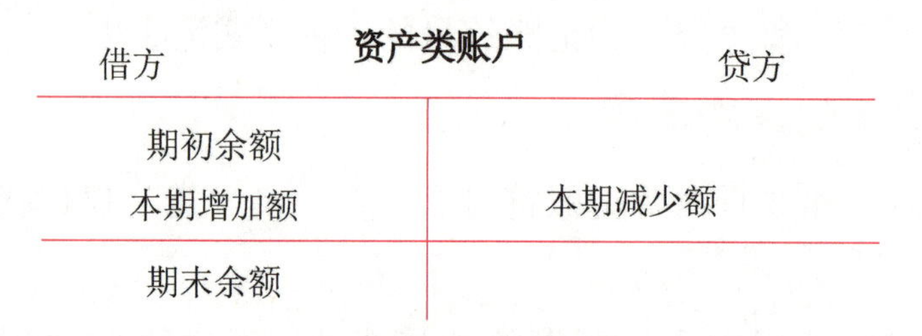

图 3-6　资产类账户的结构

2. 权益类账户的结构

权益类账户贷方登记权益的增加，借方登记权益的减少，余额一般在贷方，表示权益的实际数额。登记权益账户时，首先将上期的期末余额作为本期的期初余额登入余额栏内，并注明“贷方”字样。本期发生的涉及权益（负债和所有者权益）的经济业务，当权益增加时记入贷方，权益减少时记入借方。期末计算出本期借方发生额合计和贷方发生额合计，最后计算出期末余额。

权益账户的期末贷方余额与本期发生额之间的关系，可用下列公式表示：

期末余额（贷方）= 期初余额（贷方）+本期贷方发生额-本期借方发生额

权益类账户的结构如图 3-7 所示。

权益类账户

借方	贷方
本期减少额	期初余额 本期增加额
	期末余额

图 3-7　权益类账户的结构

3. 收入和费用账户的结构

（1）收入账户的结构与权益账户基本相同，贷方登记收入的增加额，借方登记收入的减少额和结转额，期末一般没有余额。

收入类账户的结构如图 3-8 所示。

（2）成本费用账户的结构与资产账户基本相同，借方登记成本费用的增加额，贷方登记成本费用的减少额和结转额，费用类账户期末一般没有余额。

成本费用类账户的结构如图 3-9 所示。

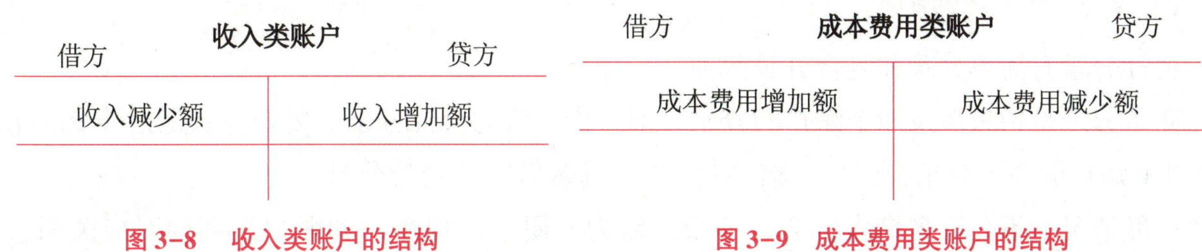

图 3-8　收入类账户的结构　　图 3-9　成本费用类账户的结构

各类账户的期末余额与记录增加额的一方在同一方向，即资产类账户的期末余额一般在借方，负债类及所有者权益类账户的期末余额一般在贷方。借贷记账法的各类账户结构如表 3-8 所示。

表 3-8　借贷记账法的各类账户结构

账户类别	借方	贷方	余额方向
资产类	增加	减少	借方
负债类	减少	增加	贷方
所有者权益类	减少	增加	贷方
成本类	增加	减少	借方
收入类	减少	增加	一般无余额
费用类	增加	减少	一般无余额

三、借贷记账法的运用

（一）会计分录的概念

所谓会计分录，就是确定某项经济业务应借、应贷账户的名称及其金额的一种记录。编制会计分录是实际工作中处理经济业务的第一个环节，它以经济业务或事项的原始凭证为依据，通过填制记账凭证来完成。

初学者学习编制会计分录，要记住以下三个步骤，即“三看”。

第一，要看经济业务涉及哪些账户，即看账户。

第二，要看经济业务涉及的账户是增还是减，即看方向。

第三，要看经济业务涉及账户的增减金额是多少，即看金额。

（二）会计分录的书写格式

会计分录的简单书写格式：借方写在上面，贷方写在借方的下面，上下错开两个字；注明应记的会计科目，如需注明明细科目的，应在一级科目后面加一破折号，写上明细科目；金额用阿拉伯数字，数字后不写元，借方和贷方的金额应各自对齐。

（三）会计分录的种类

会计分录有简单分录和复合分录两种。

简单分录是指只涉及两个账户的分录，即一借一贷的会计分录。复合分录是指涉及 3 个或 3 个以上账户的会计分录，即“一借多贷”“一贷多借”的会计分录。

一般情况下不允许多借多贷会计分录，因为不便于体现账户和账户之间的对应关系，但在特殊情况下，如一项复杂的经济业务要以多借多贷会计分录才能反映得更完整、清楚，在理论和实务上还是可以运用的。

任务实施

★案例资料

【例 3-5】 某投资者以 300 000 元向企业投资，款项当即存入银行。

这项经济业务，使企业的银行存款增加了 300 000 元，同时使企业的资本金增加了300 000 元，按“有借必有贷，借贷必相等”的记账规则，应做会计分录：

借：银行存款　　300 000

　　贷：实收资本　　300 000

【例 3-6】 从某公司购入 A 材料一批，货款为 200 000 元，材料已验收入库，款项尚未支付（暂不考虑增值税）。

这项经济业务，使企业的库存材料增加了 200 000 元，同时使企业应付某供应单位的账款增加了 200 000 元，按记账规则，应做会计分录：

借：原材料——A 材料　　200 000

　　贷：应付账款　　200 000

【例 3-7】 以银行存款 200 000 元偿还前欠某公司部分货款。

这项经济业务，使企业的银行存款减少了 200 000 元，同时使应付某供应单位的账款也减少了 200 000 元，按记账规则，应做会计分录：

借：应付账款　　200 000

　　贷：银行存款　　200 000

【例 3-8】 以银行存款购入机器设备一台，买价 85 000 元，设备验收合格，交付有关部门使用（暂不考虑增值税）。

这项经济业务，使企业的固定资产增加了 85 000 元，同时使企业的银行存款减少了85 000 元，按记账规则，应做会计分录：

借：固定资产　　85 000

　　贷：银行存款　　85 000

【例 3-9】 以银行存款归还短期借款 60 000 元。

这项经济业务使企业的银行存款减少 60 000 元，同时使企业的短期借款减少 60 000 元，按记账规则，应做会计分录：

借：短期借款　　60 000
　　贷：银行存款　　60 000

【例 3-10】　生产车间生产甲产品领用 A 材料 350 000 元。

这项经济业务使企业的原材料减少 350 000 元，同时使企业的生产成本增加 350 000 元，按记账规则，应做会计分录：

借：生产成本——甲产品　　350 000
　　贷：原材料——A 材料　　350 000

【例 3-11】　收回某公司前欠货款 48 000 元，存入银行。

这项经济业务使企业的银行存款增加 48 000 元，同时使企业的应收账款减少 48 000 元，按记账规则，应做会计分录：

借：银行存款　　48 000
　　贷：应收账款　　48 000

【例 3-12】　企业购入 A 材料 120 000 元，材料验收入库，以银行存款支付货款 100 000 元，其余 20 000 元暂欠（暂不考虑增值税）。

这项经济业务，一方面使企业的库存材料增加了 120 000 元；另一方面使企业的银行存款减少了 100 000 元，应付供应单位的账款增加了 20 000 元，按记账规则，应做会计分录：

借：原材料——A 材料　　120 000
　　贷：银行存款　　100 000
　　　　应付账款　　20 000

上例复合分录，可以分解为两笔简单分录：

借：原材料——A 材料　　100 000
　　贷：银行存款　　100 000

借：原材料——A 材料　　20 000
　　贷：应付账款　　20 000

复合分录有利于集中反映整个经济业务的全貌，简化记账工作，提高会计工作效率。从前面的举例中可以看出，每项经济业务发生后所登记的账户之间，存在着相互依存的关系，账户之间这种相互依存的关系，称为账户对应关系，存在着对应关系的账户，称为对应账户。

（四）登记账户

会计分录只是分散地反映经济业务对各账户的影响，不能够连续、系统地反映一定会计期间内全部经济业务对各账户的综合影响。为了实现这一目的，还需要将会计分录的数据登记到各有关账户中去。这个登记过程通常称为“过账”。过账以后，一般要在月末进行结账，

即结算出各账户的本期发生额合计和期末余额。

设某企业期初总分类账各账户期初余额如表 3-9 所示。

表 3-9　总分类账各账户期初余额表　　单位：元

资产类账户	金额	负债及所有者权益类账户	金额
银行存款	369 000	短期借款	100 000
应收账款	48 000	应付票据	47 000
原材料	375 000	应付账款	76 000
生产成本	30 000	实收资本	2 500 000
固定资产	2 246 000	盈余公积	345 000
合　计	3 068 000	合　计	3 068 000

将上述企业发生的经济业务的会计分录（见前面例 3-5～例 3-12）记入下列账户，如图 3-10、图 3-11 所示。

银行存款

借方	贷方
期初余额 369 000	③ 200 000
① 300 000	④ 85 000
⑦ 48 000	⑤ 60 000
	⑧ 100 000
本期借方发生额 348 000	本期贷方发生额 445 000
期末余额 272 000	

原材料

借方	贷方
期初余额 375 000	
② 200 000	⑥ 350 000
⑧ 120 000	
本期借方发生额 320 000	本期贷方发生额 350 000
期末余额 345 000	

固定资产

借方	贷方
期初余额 2 246 000	
④ 85 000	
本期借方发生额 85 000	本期贷方发生额
期末余额 2 331 000	

应收账款

借方	贷方
期初余额 48 000	
	⑦ 48 000
本期借方发生额	本期贷方发生额 48 000
期末余额 0	

生产成本

借方	贷方
期初余额 30 000	
⑥ 350 000	
本期借方发生额 350 000	本期贷方发生额
期末余额 380 000	

图 3-10　资产类与成本类账户

借方	短期借款	贷方
		期初余额 100 000
⑤ 60 000		
本期借方发生额 60 000		本期贷方发生额
		期末余额 40 000

借方	应付账款	贷方
		期初余额 76 000
③ 200 000		② 200 000
		⑧ 20 000
本期借方发生额 200 000		本期贷方发生额 220 000
		期末余额 96 000

借方	实收资本	贷方
		期初余额 2 500 000
		① 300 000
本期借方发生额		本期贷方发生额 300 000
		期末余额 2 800 000

图 3-11　权益类账户

（五）试算平衡

在借贷记账法下，每一项经济业务都是用借、贷相等的金额来记录的，因此一定会计期间的全部经济业务编制成的会计分录过账后，如果记账没有差错，那么全部账户的借方发生额和贷方发生额必然相等，全部账户的借方余额与贷方余额也必然相等。这就形成了账户之间的一系列平衡关系，这种平衡关系主要包括以下三个方面。

（1）全部账户的期初借方余额合计数等于全部账户的期初贷方余额合计数。

（2）全部账户的本期借方发生额合计数等于全部账户的本期贷方发生额合计数。

（3）全部账户的期末借方余额合计数等于全部账户的期末贷方余额合计数。

上述三个方面的平衡关系，可以用来检查账户记录的正确性。会计上称为试算平衡。如果三个方面都保持平衡，说明记账工作基本上是正确的。试算平衡通常是通过编制试算平衡表来进行的。现根据前例，编制试算平衡表，如表 3-10 所示。

表 3-10　试算平衡表　　单位：元

账户名称	期初余额		本期发生额		期末余额	
	借方	贷方	借方	贷方	借方	贷方
银行存款	369 000		348 000	445 000	272 000	
应收账款	48 000			48 000		
原材料	375 000		320 000	350 000	345 000	
生产成本	30 000		350 000		380 000	
固定资产	2 246 000		85 000		2 331 000	

续表

账户名称	期初余额		本期发生额		期末余额	
	借方	贷方	借方	贷方	借方	贷方
短期借款		100 000	60 000			40 000
应付票据		47 000				47 000
应付账款		76 000	200 000	220 000		96 000
实收资本		2 500 000		300 000		2 800 000
盈余公积		345 000				345 000
合计	3 068 000	3 068 000	1 363 000	1 363 000	3 328 000	3 328 000

由于试算的目的不同，因此试算平衡表的格式也有所不同。如果只检查本期经济业务登记是否有误，可只编制本期发生额试算平衡表；如果只检查记账结果是否有误，可只编制期末余额试算平衡表。应该指出，试算平衡能够核查出账户记录的错误，但不能发现记账过程中的所有错误。例如，用错账户、记错方向、错记金额，并不一定影响借贷平衡。

职业能力训练

1. 判断题（下列答案中正确的打“√”，错误的打“×”）

（1）借贷记账法的记账规则是：“有借必有贷，借贷必相等。”（　　）

（2）凡是余额在借方的都是资产类账户。（　　）

（3）负债类账户的结构与资产类账户的结构正好相反。（　　）

（4）“累计折旧”账户按其经济内容分类属于抵减账户。（　　）

（5）“制造费用”账户按其用途结构分类属于费用类账户。（　　）

2. 选择题（下列答案中有一项或者多项是正确的）

（1）复式记账法的要点有（　　）。

A. 当经济业务发生时，既登记总账，又登记明细账

B. 当经济业务发生时，同时在两个账户中登记

C. 当经济业务发生时，同时在两个或两个以上账户中相互联系地登记

D. 当经济业务发生时，必须以相等的金额进行登记

（2）下列原始凭证中，属于一次凭证的包括（　　）。

A. 发票　　B. 发料汇总表　　C. 限额领料单　　D. 本企业开出的收款收据

（3）下列说法中，正确的是（　　）。

A. 会计科目不仅表明了本身的核算内容，也决定了其自身的结构

B. 会计科目的名称也就是账户名称

C. 会计科目和账户所反映的经济内容是相同的

D. 账户是分类核算经济业务的工具

3. 任务实训

某企业 2024 年 4 月发生的经济业务如下，据此编制会计分录。

（1）本企业收到长林集团投资的设备一台，其原值 1 000 000 元。

（2）本企业从某工厂购进甲材料一批，价值 14 000 元，增值税税率为 13%，货款尚未支付，材料已验收入库。

（3）经汇总计算，本月应付给职工的工资为 67 200 元，其中：生产第一线的工人工资为 40 000 元，车间管理人员的工资为 7 200 元，行政管理部门人员的工资为 20 000 元。

（4）从银行提取现金 67 200 元，准备发放工资。

（5）生产车间为制造 A 产品领用材料一批，价值为 9 400 元，管理部门领用材料 400 元。

任务四　主要经济业务核算

借贷记账法应用广泛，作为财务人员，熟练掌握借贷记账法是最基本的技能。本任务根据资金在企业内部的运动，在不同阶段表现形式不同，从而记录的经济业务内容也不同，完整地呈现了企业的经济业务核算情况。学习时，养成学生大胆质疑、敢于表现的精神及良好的合作交流态度，在具体的会计业务核算中培养独立会计核算的意识。

一、企业的生产经营过程

工业企业的生产经营过程，依次经过资金筹集过程、物资采购过程、产品生产过程、产品销售过程、利润形成和分配过程。下面应用前面学到的会计知识，对企业的生产经营活动中的经济业务进行记录。

二、资金筹集业务及其处理

1. 业务内容

企业资金的来源主要有两方面：一是投资者的投入；二是从金融机构或其他单位借入的资金。企业在筹集资金过程中发生的主要经济业务包括企业接受投资者以固定资产、无形资产、银行存款等各种形式的资产进行的投资，以及从金融机构借款并还本付息等业务。

2. 主要账户设置

（1）“银行存款”账户。

账户性质：资产类账户。

核算内容：企业在银行和其他金融机构的各种款项变动情况。

账户结构：

银行存款

银行存款增加	银行存款减少
银行存款的结存数	

明细账设置：一般按开户银行、存款种类设明细分类账。

（2）“实收资本”账户。

账户性质：所有者权益类账户。

核算内容：企业所有者投入资本的增减变动情况。

账户结构：

实收资本

按照法定程序减少的资本数额	实际收到的投资额
	投入资本的实有数额

明细账设置：按照投资人设置明细分类账。

（3）“短期借款”账户。

账户性质：负债类账户。

核算内容：企业从银行借入的偿还期在一年（含一年）以内的各种借款的增减变动情况。

账户结构：

短期借款

到期偿还的借款	借入的各种短期借款
	尚未偿还的短期借款

任务实施

★案例资料

【例 3-13】　1 日，万方工厂收到投资者投入资本 600 000 元，存入银行。

分析：根据有关原始凭证（出资证明、银行进账单回单），该企业“银行存款”增加，“实收资本”增加，因此应编制如下会计分录：

借：银行存款　　600 000

　　贷：实收资本　　600 000

【例 3-14】　3 日，企业向银行借入款项 200 000 元（期限 6 个月），借入款项存入银行账户。

分析：根据银行借款凭证（回单），该企业“银行存款”增加，“短期借款”增加，因此应编制如下会计分录：

借：银行存款　　200 000

　　贷：短期借款　　200 000

【例 3-15】　6 个月后归还借入的短期借款 200 000 元。

分析：根据银行还款凭证（回单），该企业“银行存款”减少，“短期借款”减少，因此应编制如下会计分录：

借：短期借款　　200 000

　　贷：银行存款　　200 000

知识精讲

三、供应（采购）过程的业务及其处理

1. 业务内容

核算生产产品准备必需的生产资料，如采购原材料和生产设备等。

2. 主要账户设置

（1）“在途物资”账户。

账户性质：资产类账户。

核算内容：货款已付但尚未运抵验收入库的材料或商品的实际采购成本。

账户结构：

在途物资

购入材料物资的买价和采购费用	验收入库材料物资的采购成本
尚未验收入库的在途物资	

明细账设置：按照供应单位、物资品种设置明细分类账。

(2)“原材料”账户。

账户性质：资产类账户。

核算内容：企业库存的各种材料的收、发、存情况。

账户结构：

原材料

验收入库材料的成本	登记发出材料的成本
库存材料的成本	

明细账设置：按材料类别、品种和规格设置明细分类账。

固定资产

(3)“固定资产”账户。

账户性质：资产类账户。

核算内容：核算企业固定资产的增减变动。

账户结构：

固定资产

增加的固定资产原值	减少的固定资产原值
期末结存的固定资产原值	

(4)“库存现金”账户。

账户性质：资产类账户。

核算内容：企业库存现金的收、付、存情况。

账户结构：

库存现金

现金增加	现金减少
库存现金的结存数	

(5)“应付账款”账户。

账户性质：负债类账户。

核算内容：因购买材料商品和接受劳务供应等而应付未付给供应单位的款项。

账户结构：

应付账款

偿还的款项	应付给供应单位的款项
	尚未偿还的款项

明细账设置：按照债权人设置明细分类账。

(6)“应交税费”账户。

账户性质：负债类账户。

核算内容：企业的各种税费，包括增值税、所得税、教育费附加等。

账户结构：

应交税费

实际缴纳的税费数	经计算应缴纳的税费数项
	尚未缴纳的税费数

明细账的设置：按应交税种设置明细账。

例如：

应交税费——应交增值税

采购材料物资时应向供应单位支付的进项税额和实际缴纳的增值税以及转出应交未交的增值税	企业销售产品时应向购货单位收取的销项税额

说明：期末将应交未交的增值税额结转至“应交税费——未交增值税”账户，该账户无余额。

◇点睛指导

增值税是我国重要的税种，对企业在流转环节创造的增值额进行征税。在不考虑其他影响因素下，一般纳税人增值税应纳税额可按下列公式计算：

当期应纳税额=当期销项税额-当期进项税额

任务实施

★案例资料

【例 3-16】 万方工厂购入 A 材料一批，增值税专用发票上注明材料款 80 000 元，增值税进项税额为 10 400 元，材料尚未验收入库，款项已用银行存款支付。

分析：根据增值税专用发票发票联、支票存根联判断，材料的采购成本为 80 000 元，材料尚未入库，说明企业在途物资增加，进项税额增加；材料款由银行存款支付，使企业的银行存款减少，因此应编制如下会计分录：

借：在途物资——A 材料　　80 000
　　应交税费——应交增值税（进项税额）　　10 400
　　贷：银行存款　　90 400

【例 3-17】　购入的 A 材料运到，验收入库。

分析：根据材料验收入库单可知，企业的材料增加，在途物资减少，因此应编制如下会计分录：

借：原材料——A 材料　　80 000
　　贷：在途物资——A 材料　　80 000

【例 3-18】　万方工厂从白云公司购入 B 材料 5 000 千克，买价 20 000 元，增值税进项税额 2 600 元，款项尚未支付，材料已验收入库。

分析：根据增值税专用发票发票联、材料入库单可知，企业的材料增加，但是款项还没有支付，属于应付账款增加，因此应编制如下会计分录：

借：原材料——B 材料　　20 000
　　应交税费——应交增值税（进项税额）　　2 600
　　贷：应付账款——白云公司　　22 600

【例 3-19】　万方工厂用转账支票偿还白云公司 B 材料款 22 600 元。

分析：根据转账支票存根联可知，企业的银行存款减少，应付账款减少，因此应编制如下会计分录：

借：应付账款——白云公司　　22 600
　　贷：银行存款　　22 600

【例 3-20】　购入生产用设备一台，价格 300 000 元，以银行存款支付。设备交车间使用。

分析：根据转账支票存根、固定资产设备入库单可知，企业银行存款减少，固定资产增加，因此应编制如下会计分录：

借：固定资产　　300 000
　　贷：银行存款　　300 000

【例 3-21】　用现金 1 850 元购买办公用品（记录本、档案袋、签字笔、订书器），交管理部门使用。

分析：根据开具的发票联判断，企业库存现金减少，管理费用增加，因为是普通发票，

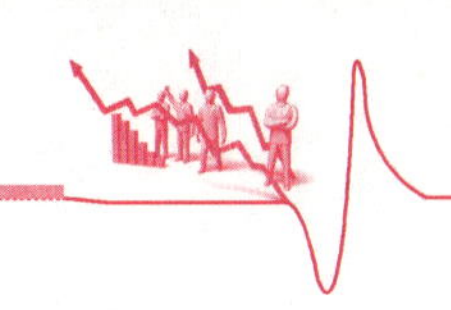

不得抵扣增值税进项税额，因此应编制如下会计分录：

借：管理费用　　1 850

　　贷：库存现金　　1 850

知识拓展

材料采购成本的构成，其实质是材料的“入账价值”问题，即企业采购的材料以多少金额入账。材料的采购成本是指企业物资从采购到入库前所发生的全部支出，包括购买价款、相关税费（不包括增值税）、运输费、装卸费、保险费以及其他可归属于采购成本的费用。其他可归属于采购成本的费用是指材料采购成本中除了上述各项以外的可归属于材料采购的费用，包括在材料采购过程中发生的仓储费、包装费，运输途中的合理损耗，入库前的挑选整理费等。

知识精讲

四、生产过程的业务及其处理

1. 业务内容

核算生产过程中发生的各种费用，如材料的耗费、固定资产的磨损、支付职工的薪酬和其他费用（水电费、差旅费）等。

2. 主要账户设置

（1）“生产成本”账户。

账户性质：成本类账户。

核算内容：企业生产中，各种产品、自制半成品等所发生的各项生产费用。

账户结构：

生产成本

借方	贷方
生产产品直接耗用的材料费、人工费、其他直接费用以及月末转入的制造费用	月末转出的完工入库产品的成本
尚未完工的在产品成本	

明细账设置：按产品的种类设置明细分类账。

（2）“制造费用”账户。

账户性质：成本类账户。

核算内容：核算企业生产车间为生产产品和提供劳务而发生的各项间接费用。

账户结构：

制造费用	
车间发生的各项间接费用	月末分配转入“生产成本”账户的费用

该账户月末一般没有余额。

（3）“管理费用”账户。

账户性质：损益类账户。

核算内容：企业为组织和管理生产经营活动所发生的管理费用。

账户结构：

管理费用	
企业发生的各项管理费用	期末转入“本年利润”账户的费用

该账户月末一般无余额。

（4）“应付职工薪酬”账户。

账户性质：负债类账户。

核算内容：企业根据有关规定应付给职工的各种薪酬。

账户结构：

应付职工薪酬	
实际发放的职工薪酬，包括扣还的款项	企业应付给职工的各种薪酬
	尚未支付的应付职工薪酬

明细账设置：“应付职工薪酬”科目应按照“工资”“职工福利费”“非货币性福利”“社会保险费”“住房公积金”等职工薪酬项目设置明细科目进行核算。企业应当在职工为其提供服务的会计期间，将实际发生的短期薪酬确认为负债，并计入当期损益，其他会计准则要求或允许计入资产成本的除外。

知识拓展

根据《企业会计准则9号——职工薪酬》（财会［2014］8号），养老保险费和失业保险费属于设定提存计划，需在“应付职工薪酬——设定提存计划”中核算，而医疗保险费、工伤保险费和生育保险费属于社会保险费，需在“应付职工薪酬——社会保险费”中核算。

（5）“其他应收款”账户。

账户性质：资产类账户。

核算内容：企业应收及暂付其他单位或个人的款项。

账户结构：

其他应收款

其他应收款的增加	收回的其他应收款项
尚未收回的款项	

明细账设置：可按单位或个人设置明细账。

（6）“累计折旧”账户。

账户性质：资产类账户。

核算内容：固定资产的累计折旧额。

账户结构：

累计折旧

固定资产减少时冲减的折旧数	计提的折旧数
	现有固定资产的累计折旧数

由于折旧的增加即表示固定资产实际价值的减少，固定资产的原始价值减去累计折旧后的价值反映固定资产的实际价值，因此该账户的结构与固定资产账户相反。

（7）“库存商品”账户。

账户性质：资产类账户。

核算内容：库存商品的增减变动情况。

账户结构：

库存商品

验收入库的库存商品成本	发出库存商品的成本
库存商品的成本	

明细账设置：该账户按库存商品的种类设置明细分类账。

任务实施

★案例资料

【例 3-22】　根据仓库发料凭证汇总表，本月领用材料如表 3-11 所示。

表 3-11　仓库发料凭证汇总表

2023 年 12 月 31 日

项目	A 材料			B 材料			合计/元
	数量/千克	单价/元	金额/元	数量/千克	单价/元	金额/元	
甲产品	8 000	6	48 000	6 000	10	60 000	108 000
乙产品	5 000	6	30 000	4 000	10	40 000	70 000
车间耗用	2 000	6	12 000	1 000	10	10 000	22 000
管理部门耗用	1 000	6	6 000	600	10	6 000	12 000
合计	1 600		96 000	11 600		116 000	212 000

分析：全月仓库发料凭证汇总表反映了各产品各部门领用材料的情况。汇总表作为原始凭证，按发出材料的不同用途，记入不同的账户。直接用于生产产品的材料借记“生产成本”账户；用于车间一般耗用的材料，借记“制造费用”账户；用于管理部门的材料耗费借记“管理费用”账户。材料被领用使原材料减少，应贷记“原材料”账户，因此应编制如下会计分录：

借：生产成本——甲产品　　108 000
　　　　　　——乙产品　　70 000
　　制造费用　　22 000
　　管理费用　　12 000
　　贷：原材料——A 材料　　96 000
　　　　　　　——B 材料　　116 000

【例 3-23】　月末结算本月职工工资 96 000 元，其中生产甲产品工人工资 38 000 元，生产乙产品工人工资 42 000 元，车间管理人员工资 7 000 元，企业管理人员工资 9 000 元。

分析：这项业务涉及的原始凭证是工资费用结算单，此业务的发生一方面使企业应付给职工的工资总额增加，贷记“应付职工薪酬”；另一方面使企业产品的费用增加，应按不同部门分别记入有关账户。支付给生产产品的工人的工资借记“生产成本”账户；支付给车间管理人员的工资，借记“制造费用”账户；支付给管理部门人员的工资，借记“管理费用”账

户，因此应编制如下会计分录：

借：生产成本——甲产品　　38 000
　　　　　　——乙产品　　42 000
　　制造费用　　7 000
　　管理费用　　9 000
　　贷：应付职工薪酬——工资　　96 000

【例 3-24】　企业通过银行将上述工资转入职工个人工资卡中。

分析：一方面，根据“工资结算凭单”，企业发放职工工资，使企业的工资债务减少，借记“应付职工薪酬”账户；另一方面，银行存款减少，应贷记“银行存款”账户，因此应编制如下会计分录：

借：应付职工薪酬——工资　　96 000
　　贷：银行存款　　96 000

知识拓展

支付职工薪酬时，企业需要先从应付职工薪酬中扣还各种款项（如个人所得税），然后将净额发给员工。进行会计处理时，应借记“应付职工薪酬——工资”账户，贷记“银行存款”、“其他应收款”（企业为职工代垫的房租、医疗费）、“应交税费——应交个人所得税”、“其他应付款”（应由职工个人承担的社会保险费和住房公积金等代扣款项）等账户。

【例 3-25】　按照规定，对固定资产计提本月的固定资产折旧费。其中，车间固定资产计提折旧 20 000 元，管理部门固定资产计提折旧 6 000 元。

分析：按照规定，每月应编制“固定资产折旧计算表”，对固定资产进行计提折旧。这项业务的发生使企业的费用增加，应分别记入有关的账户。一方面，生产车间固定资产计提的折旧额借记“制造费用”账户；管理部门固定资产计提的折旧额借记“管理费用”账户。另一方面，固定资产的磨损增加，应记入“累计折旧”账户的贷方，因此应编制如下会计分录：

借：制造费用　　20 000
　　管理费用　　6 000
　　贷：累计折旧　　26 000

【例 3-26】　采购员张明出差，预借差旅费 550 元，以现金支付。

分析：根据张明填制的借款单可知，企业的“库存现金”减少，贷记“库存现金”账户，同时，使企业应收回的款项增加，借记“其他应收款”账户，因此应编制如下会计分录：

借：其他应收款——张明　　550
　　贷：库存现金　　550

【例 3-27】　张明出差回来，报销差旅费 500 元，交回现金 50 元。

分析：根据张明填制的差旅费报销单可知，报销的差旅费使企业的管理费用增加，库存现金增加，借记“管理费用”“库存现金”账户；同时，企业的“其他应收款”相应减少，贷记“其他应收款”账户，因此应编制如下会计分录：

借：管理费用　　500
　　库存现金　　50
　　贷：其他应收款——张明　　550

【例 3-28】　将本月发生的制造费用进行汇总，结转“制造费用”到“生产成本”账户。

分析：首先对本月发生的“制造费用”进行汇总，填制“制造费用分配表”。因为“制造费用”是企业在生产产品时发生的间接费用，应记入产品的成本中，所以月末要按照生产产品的种类和各种产品的生产工时进行汇总和分配，然后转入“生产成本”账户。

$$\text{本月汇总发生的制造费用}=22\ 000+7\ 000+20\ 000=49\ 000\text{（元）}$$

本月甲、乙产品的生产工时分别为：甲产品耗用 2 000 工时，乙产品耗用 1 500 工时。

计算甲、乙产品分别负担的制造费用，步骤如下：

（1）根据生产甲、乙产品耗用的生产工时，计算制造费用分配率：

$$\text{制造费用分配率}=\frac{\text{本月归集的制造费用总额}}{\text{各种产品生产工时之和}}=\frac{49\ 000}{2\ 000+1\ 500}=14$$

（2）根据求得的制造费用分配率，计算出某产品应负担的制造费用：

$$\text{某产品应负担的制造费用}=\text{该种产品生产工时}\times\text{制造费用分配率}$$

$$\text{甲产品应负担的制造费用}=2\ 000\times14=28\ 000\text{（元）}$$

$$\text{乙产品应负担的制造费用}=1\ 500\times14=21\ 000\text{（元）}$$

因此根据以上分析，应编制如下会计分录：

借：生产成本——甲产品　　28 000
　　　　　　——乙产品　　21 000
　　贷：制造费用　　49 000

【例 3-29】　月末结转完工入库产品的成本。甲产品尚未完工；乙产品 500 件全部完工，总成本为 133 000 元。

分析：根据产品成本计算单和产品入库单可知，本月乙产品完工入库，一方面使“库存商品”增加，应借记“库存商品”账户；另一方面将“生产成本”结转，应贷记“生产成本”账户。甲产品没有完工，保留在“生产成本”账户，是“生产成本”账户的期末余额，因此应编制如下会计分录：

借：库存商品——乙产品　　133 000
　　贷：生产成本——乙产品　　133 000

五、销售过程的业务及其处理

1. 业务内容

销售过程的主要任务就是将企业的产品销售出去，同时取得收入，补偿企业为生产产品发生的耗费。因此，销售过程核算的内容主要包括确认实现的销售收入、办理货款结算、结转已经销售的产品成本、支付各种销售费用及税金等。

2. 主要账户设置

（1）“主营业务收入”账户。

账户性质：损益类账户。

核算内容：企业在销售商品、提供劳务等日常活动中实现的销售收入。

账户结构：

主营业务收入

期末转入“本年利润”账户的收入	销售商品、提供劳务等所实现的销售收入

期末结转后无余额。

明细账设置：按商品或劳务的种类设置明细分类账。

（2）“主营业务成本”账户。

账户性质：损益类账户。

核算内容：核算企业因销售商品、提供劳务等而发生的实际成本。

账户结构：

主营业务成本

应结转的主营业务成本	期末转入“本年利润”账户的主营业务成本

期末结转后无余额。

明细账设置：按商品或劳务的种类设置明细分类账。

（3）“税金及附加”账户。

账户性质：损益类账户。

核算内容：核算企业经营活动中发生的相关税金及附加费。

账户结构：

税金及附加

本月企业经营活动发生的税金及附加	期末转入“本年利润”账户的税金及附加

期末结转后无余额。

（4）“销售费用”账户。

账户性质：损益类账户。

核算内容：企业在销售过程中发生的各种费用。

账户结构：

销售费用

企业发生的各项销售费用	期末转入“本年利润”账户的费用

期末结转后无余额。

（5）“应收账款”账户。

账户性质：资产类账户。

核算内容：企业通过销售商品、提供劳务等经营活动应收取的款项。

账户结构：

应收账款

应收回的销货款	已收回的销货款
尚未收回的销货款	

明细账设置：按债务人设置明细分类账。

任务实施

★案例资料

【例 3-30】 万方工厂向白云工厂销售乙产品 200 件，单价 400 元，开出增值税专用发票，货款 80 000 元，增值税销项税额 10 400 元。合计应收款项 90 400 元。产品已经发出，并

向银行办妥托收手续。

分析：根据开出的增值税专用发票和银行托收承付结算凭证回单可知，企业销售收入实现并要收取相应的销项税额，记入“主营业务收入”和“应交税费——应交增值税（销项税额）”账户的贷方；因为只办理了托收手续，还未收到款项，所以借记“应收账款”账户，因此应编制如下会计分录：

借：应收账款——白云工厂	90 400	
贷：主营业务收入——乙产品		80 000
应交税费——应交增值税（销项税额）		10 400

【例 3-31】 企业销售甲产品 120 件，单价 500 元，开出增值税专用发票，货款 60 000 元，销项税额 7 800 元，产品已发出，款项已收到并存入银行。

分析：根据增值税专用发票和银行进账单回单可知，业务发生使企业“主营业务收入”增加，发生增值税，分别记入“主营业务收入”和“应交税费——应交增值税（销项税额）”账户的贷方；款项收回，使银行存款增加，借记“银行存款”账户，因此应编制如下会计分录：

借：银行存款	67 800	
贷：主营业务收入——甲产品		60 000
应交税费——应交增值税（销项税额）		7 800

【例 3-32】 用银行存款支付产品广告费 15 000 元。

分析：根据企业开出的转账支票存根联和对方企业开出的发票联可知，企业的销售费用增加，借记“销售费用”账户；企业的银行存款减少，贷记“银行存款”账户，因此应编制如下会计分录：

借：销售费用	15 000	
贷：银行存款		15 000

【例 3-33】 月末结转本月已售甲、乙产品的生产成本。甲产品成本 34 800 元；乙产品成本 53 200 元。

分析：根据产品出库单编制已销产品成本计算单。一方面，业务使主营业务成本增加，借记“主营业务成本”账户；另一方面，库存商品减少，贷记“库存商品”账户，因此应编制如下会计分录：

借：主营业务成本——甲产品	34 800	
——乙产品	53 200	
贷：库存商品——甲产品		34 800
——乙产品		53 200

【例 3-34】 月末计算并结转本月销售甲、乙产品应缴纳的城市维护建设税 364 元和教育

费附加 156 元。

分析：一方面，该企业销售产品应负担的税费支出增加，借记“税金及附加”账户；另一方面，提取尚未缴纳城市维护建设税和教育费附加，贷记“应交税费”账户。

计算过程：

本月应缴纳的增值税＝本月销项税额－本月进项税额＝(10 400+7 800)－(10 400+2 600)
＝5 200(元)

本月应缴纳的城市维护建设税＝5 200×7%＝364（元）

本月应缴纳的教育费附加＝5 200×3%＝156（元）

因此根据以上分析，应编制如下会计分录：

借：税金及附加　　520

　　贷：应交税费——应交城市维护建设税　　364

　　　　　　　——应交教育费附加　　156

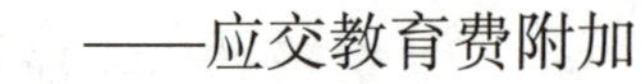

六、利润形成与分配的业务

1. 业务内容

业务内容是指企业在一定时期内生产经营活动的财务成果，实现的利润或发生的亏损。

企业实现的利润总额用公式表示为：

利润总额＝营业利润+营业外收入－营业外支出

营业利润＝营业收入－营业成本－税金及附加－销售费用－管理费用－财务费用－资产减值损失+投资收益

利润的分配

营业利润是企业生产经营过程所实现的利润，是企业利润总额的主要组成部分。营业外收入和营业外支出是指企业发生的与生产经营活动无直接关系的利得与损失。营业外收入主要包括罚款收入、政府补助、捐赠收入等。营业外支出主要包括固定资产盘亏、罚款支出、非常损失、公益性捐赠支出等。投资收益是企业购买股票或债券等对外投资获得的收益扣除投资损失和计提的投资减值准备后的净额。

企业实现的利润总额应向国家缴纳所得税，所得税后的净利润属于企业的净收益，应按规定的顺序进行分配。如果企业有以前年度发生的亏损尚未弥补，应先弥补亏损；然后按净利润的一定比例提取盈余公积；最后向投资者分配利润。完成上述分配后结余的未分配利润，作为企业留存收益的一部分。

2. 主要账户设置

(1)“营业外收入”账户。

账户性质：损益类账户。

核算内容：企业发生的各项营业外收入。

账户结构：

营业外收入

期末转入“本年利润”账户的收入	发生的营业外收入

期末结转后无余额。

（2）“营业外支出”账户。

账户性质：损益类账户。

核算内容：企业发生的各项营业外支出。

账户结构：

营业外支出

发生的营业外支出	期末结转“本年利润”账户的营业外支出

期末结转后无余额。

（3）“投资收益”账户。

账户性质：损益类账户。

核算内容：企业确认的投资收益或投资损失。

账户结构：

投资收益

发生的投资损失和期末转入“本年利润”账户的净收益	取得的投资收益

期末结转后无余额。

（4）“本年利润”账户。

账户性质：所有者权益类账户。

核算内容：企业当期实现的净利润（或发生的净亏损）。

账户结构：

本年利润

借方	贷方
从损益类账户转入的费用数和将全年实现的利润转入“利润分配”账户	从损益类账户转入的收入数和将全年发生的亏损转入“利润分配”账户

年末结转后无余额。

（5）“所得税费用”账户。

账户性质：损益类账户。

核算内容：企业确认的应从当期利润总额中扣除的所得税费用。

账户结构：

所得税费用

借方	贷方
企业本期应负担的所得税费用	期末转入“本年利润”账户的所得税费用

期末结转后无余额。

（6）“利润分配”账户。

账户性质：所有者权益类账户。

核算内容：企业利润的分配数和历年分配后的余额。

账户结构：

利润分配

借方	贷方
利润的分配数	从“本年利润”账户转入的全年实现的净利润
历年累计未弥补的亏损	历年累计未分配的利润

（7）“应付股利”账户。

账户性质：负债类账户。

核算内容：企业分配的现金股利或利润。

账户结构：

应付股利

借方	贷方
已支付的现金股利	企业应向投资者支付的现金股利
	尚未支付的现金股利或利润

(8)“盈余公积”账户。

账户性质：所有者权益类账户。

核算内容：企业从净利润中提取的盈余公积。

账户结构：

盈余公积

用盈余公积弥补亏损；转增注册资本数	盈余公积的提取数
	盈余公积的结余数

任务实施

★案例资料

【例 3-35】　企业将收到某公司的违约罚款 35 000 元存入银行。

分析：收到罚款收入，使企业的银行存款增加，借记“银行存款”账户；违约罚款收入使企业的“营业外收入”增加，贷记“营业外收入”账户，因此应编制如下会计分录：

借：银行存款　　35 000

　　贷：营业外收入　　35 000

【例 3-36】　企业用银行存款 20 000 元向贫困山区捐款。

分析：该业务使企业银行存款减少，企业的营业外支出增加，借记“营业外支出”，贷记“银行存款”账户，因此应编制如下会计分录：

借：营业外支出　　20 000

　　贷：银行存款　　20 000

【例 3-37】　企业对外投资，收到被投资单位分来的利润 20 000 元并存入银行。

分析：这项业务使企业的银行存款和投资收益增加，借记“银行存款”账户，贷记“投资收益”账户，因此应编制如下会计分录：

借：银行存款　　20 000

　　贷：投资收益　　20 000

【例 3-38】　月末，将损益类有关收入账户的余额转至“本年利润”账户。其中：主营业务收入 140 000 元，营业外收入 35 000 元，投资收益 20 000 元。

分析：这项业务借记损益类收入有关账户，贷记“本年利润”账户，因此应编制如下会计分录：

借：主营业务收入　　140 000

营业外收入　35 000

投资收益　20 000

贷：本年利润　195 000

【例3-39】　月末，将损益类有关费用账户的余额转至“本年利润”账户。其中：管理费用29 350元，销售费用15 000元，主营业务成本88 000元，税金及附加520元，营业外支出20 000元。

分析：这项业务借记“本年利润”账户，贷记损益类费用有关账户，因此应编制如下会计分录：

借：本年利润　152 870

　贷：管理费用　29 350

　　销售费用　15 000

　　主营业务成本　88 000

　　税金及附加　520

　　营业外支出　20 000

计算本月实现的利润：

方法一：将转入“本年利润”账户的贷方金额-转入“本年利润”账户的借方金额。

利润总额=195 000-152 870=42 130（元）

方法二：应用求利润总额的公式。

利润总额=140 000-88 000-520-15 000-29 350+20 000+35 000-20 000=42 130（元）

【例3-40】　按本月实现的利润总额42 130元，计算并结转应交纳的所得税。

分析：根据本月利润总额，计算企业应交所得税为：42 130×25%=10 532.5（元），这项业务使企业应负担的税费增加，借记“所得税费用”账户；同时使企业的应交税费增加，贷记“应交税费”账户。“所得税费用”账户的余额期末应转入“本年利润”账户，借记“本年利润”账户，贷记“所得税费用”账户，因此应编制如下会计分录：

（1）借：所得税费用　10 532.5

　　贷：应交税费——应交所得税　10 532.5

（2）借：本年利润　10 532.5

　　贷：所得税费用　10 532.5

企业利润总额减去企业所得税后，为企业的净利润。

净利润=利润总额-所得税费用=42 130-10 532.5=31 597.5（元）

知识拓展

（1）2023年1月1日至2024年12月31日，对小型微利企业年应纳税所得额不超过100

万元的部分，减按25%计入应纳税所得额，按20%的税率缴纳企业所得税。（摘自财政部 税务总局公告2023年第6号《财政部 税务总局关于小微企业和个体工商户所得税优惠政策的公告》）

（2）对小型微利企业减按25%计算应纳税所得额，按20%的税率缴纳企业所得税政策，延续执行至2027年12月31日。（摘自财政部 税务总局公告2023年第12号《财政部 税务总局关于进一步支持小微企业和个体工商户发展有关税费政策的公告》）

提示：上例仅针对一般企业而言。如果是小型微利企业则按照最新税费政策执行。

【例3-41】　年末，结转全年累计实现的净利润680 000元。

分析：这项业务借记“本年利润”账户，贷记“利润分配”账户，因此应编制如下会计分录：

借：本年利润　　680 000

　　贷：利润分配——未分配利润　　680 000

【例3-42】　年末，按全年净利润的10%提取法定盈余公积68 000元。

分析：这项业务借记“利润分配”账户，贷记“盈余公积”账户，因此应编制如下会计分录：

借：利润分配——提取法定公积金　　68 000

　　贷：盈余公积　　68 000

【例3-43】　年末，经决定本年向投资者分配利润100 000元。

分析：这项业务借记“利润分配”账户，贷记“应付股利”账户，因此应编制如下会计分录：

借：利润分配——应付股利　　100 000

　　贷：应付股利　　100 000

【例3-44】　年末，将企业盈余公积100 000元转增注册资本。

分析：这项业务借记“盈余公积”账户，贷记“实收资本”账户，因此应编制如下会计分录：

借：盈余公积　　100 000

　　贷：实收资本　　100 000

职业能力训练

要求：根据以下经济业务编制会计分录。

（1）企业收到国家投资的200 000元存入银行。

（2）因临时需要，向银行申请三个月借款50 000元，存入银行存款户。

（3）企业结算本月应付职工工资90 000元，其中生产A产品工人工资35 000元，生产B产品工人工资26 000元，车间管理人员工资13 000元，行政部门管理人员工资16 000元。

（4）根据领料凭证汇总表（表3-12）结算发出材料成本。

表3-12　领料凭证汇总表　　　　单位：元

材料种类	领料部门及用途				金额合计
	A产品	B产品	车间耗用	管理部门	
甲材料	20 000	1 200	500		21 700
乙材料		34 000		620	34 620
合计	20 000	35 200	500	620	56 320

（5）结转本月已售产品的销售成本44 000元。

任务五　认识记账凭证

任务目标

记账凭证是以审核无误的原始凭证为依据，按照经济业务的事项内容加以归类，并据以确定会计分录后所填制的会计凭证。它是登记账簿的直接依据。本任务，我们将在认识记账凭证的基础上，掌握填制和审核记账凭证的方法，结合行业规范和标准，分析会计行为的善恶，强化自身的职业道德素质。

知识精讲

一、记账凭证的概念

记账凭证又称记账凭单，是会计人员根据审核无误的原始凭证，按照经济业务事项的内容加以归类，并据以确定会计分录后所填制的会计凭证。它是登记账簿的直接依据。

二、记账凭证的种类

记账凭证可以分别按经济业务的内容、填制方法的不同进行分类，如图3-12所示。

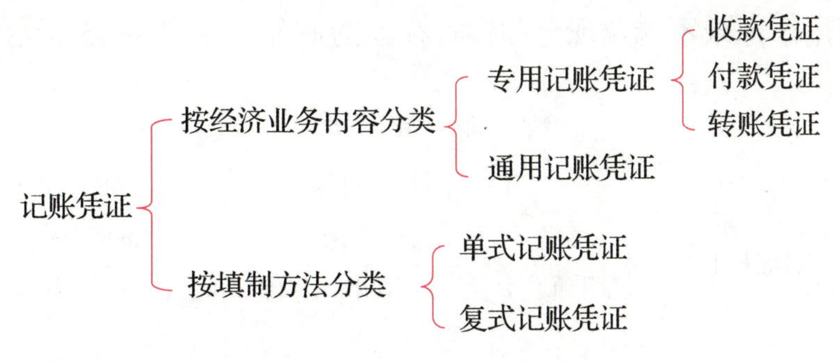

图 3-12　记账凭证分类

（一）按经济业务内容分类

记账凭证按经济业务内容，分为专用记账凭证和通用记账凭证。

1. 专用记账凭证

专用记账凭证分为收款凭证、付款凭证、转账凭证。

（1）收款凭证用于记录现金和银行存款的收款业务，如图 3-13 所示。

收　款　凭　证

借方科目：________　　　　年　　月　　日　　　　字第　　号

摘　要	贷　方　科　目		金　　额								√
	总账科目	明细科目	十	万	千	百	十	元	角	分	
合　计											

附单据　　张

会计主管：　　记账：　　出纳：　　复核：　　制单：

图 3-13　收款凭证

（2）付款凭证用于记录现金和银行存款的付款业务，如图 3-14 所示。

付　款　凭　证

贷方科目：________　　　　年　　月　　日　　　　字第　　号

摘　要	借　方　科　目		金　　额								√
	总账科目	明细科目	十	万	千	百	十	元	角	分	
合　计											

附单据　　张

会计主管：　　记账：　　出纳：　　复核：　　制单：

图 3-14　付款凭证

（3）转账凭证用于记录不涉及现金和银行存款的业务，如图 3-15 所示。

转　账　凭　证

年　月　日　　　　字第　　号

摘要	总账科目	明细科目	借方金额											贷方金额											√
			亿	千	百	十	万	千	百	十	元	角	分	亿	千	百	十	万	千	百	十	元	角	分	
合　计																									

附单据　张

会计主管：　　记账：　　出纳：　　复核：　　制单：

图 3-15　转账凭证

2. 通用记账凭证

在日常经济业务中收款、付款业务较少的单位，可采用一种格式统一的通用记账凭证，如图 3-16 所示。

记　账　凭　证

年　月　日　　　　字第　　号

摘要	总账科目	明细科目	借方金额											贷方金额											√
			亿	千	百	十	万	千	百	十	元	角	分	亿	千	百	十	万	千	百	十	元	角	分	
合　计																									

附单据　张

会计主管：　　记账：　　出纳：　　复核：　　制单：

图 3-16　记账凭证

（二）按填制方法分类

记账凭证按填制方法分类，分为单式记账凭证和复式记账凭证。

1. 单式记账凭证

单式记账凭证是指每一张记账凭证只填制经济业务事项所涉及的一个会计科目及其发生额的记账凭证。

2. 复式记账凭证

复式记账凭证是指将每一项经济业务所涉及的全部会计科目及其发生额均填制在同一张记账凭证中的记账凭证。

职业能力训练

1. 判断题（下列答案中正确的打“√”，错误的打“×”）

（1）记账凭证按经济内容不同分类，可以分为收款凭证、付款凭证、转账凭证。（　　）

（2）对在日常经济业务中收款、付款业务较少的单位，可采用一种格式统一的通用记账凭证。（　　）

（3）原始凭证可以作为登记账簿的直接依据。（　　）

（4）原始凭证是记账凭证的基础，记账凭证是对原始凭证的初步整理，使原始凭证系统化和规范化。（　　）

（5）记账凭证是登记账簿的直接依据。（　　）

2. 选择题（下列答案中有一项或者多项是正确的）

（1）经济业务发生时直接取得或填制的会计凭证是（　　）。

A. 收、付款凭证　　B. 原始凭证

C. 记账凭证　　D. 合同和协议

（2）填制记账凭证时，下列做法中**不正确**的是（　　）。

A. 编制更正错误的记账凭证未附原始凭证

B. 编制多借一贷的会计分录

C. 一个月内的记账凭证连续编号

D. 从银行提取现金，填制现金收款凭证

（3）对于现金和银行存款之间相互划转的业务，为了避免重复记账，一般只编制（　　）。

A. 收款凭证　　B. 付款凭证　　C. 转账凭证　　D. 结算凭证

（4）登记现金日记账的依据是（　　）。

A. 转账凭证　　B. 现金付款凭证

C. 提现的银行存款付款凭证　　D. 现金收款凭证

（5）下列会计凭证中，属于原始凭证的是（　　）。

A. 收款凭证　　　　B. 科目汇总表
C. 收料单　　　　D. 银行存款余额调节表

任务六　填制和审核记账凭证

任务目标

记账凭证是会计人员根据审核无误的原始凭证及有关资料，按照经济事项的内容加以归类，借助借贷记账法确定会计分录后所填制的会计凭证。它是登记会计账簿的直接依据。每个单位都必须按一定的程序填制和审核会计凭证，以保证所记录经济业务的真实性、合法性与合理性，加强经济责任制。

知识精讲

一、记账凭证的内容

按《会计基础工作规范》的规定，记账凭证必须具备下列基本内容：

（1）记账凭证名称，即收款凭证、付款凭证、转账凭证或记账凭证。

（2）填制记账凭证的日期，通常以年、月、日表示。

（3）记账凭证的顺序编号，一般按月编排统一序号。

（4）经济业务摘要。摘要即摘录其主要内容，对不同的经济业务，摘要文字应有不同的表述方法。

（5）经济业务所涉及的会计科目，包括对应的总账科目和明细科目。

（6）经济业务所涉及的金额。

（7）记账凭证所附原始凭证张数。

（8）有关责任人的签名或盖章，包括填写制单人员、复核人员、记账人员、会计主管等。如为收款凭证和付款凭证，还应当有出纳签名或盖章。

二、填制记账凭证的具体要求

（一）日期的填写

由于货币资金的处理要及时，因此收付款凭证的日期也应是货币资金收付

填制记账凭证

的日期。转账凭证的日期原则上按收到原始凭证的日期填写，也可按填制记账凭证的日期填写。

（二）记账凭证的编号

填制记账凭证时，应当对记账凭证进行连续编号，以分清会计业务处理的先后顺序，便于核对记账凭证与会计账簿，同时确保凭证记录完整无缺。记账凭证的编号以月份为基础，根据记账凭证的数量，采用不同的方法连续编号。

记账凭证数量比较少，采用通用凭证时，将全部记账凭证统一编号，即按填制凭证的时间顺序编号，每月从第 1 号凭证开始，至月末最后一张结束。

采用专用记账凭证，货币资金收付比较均衡时，按收款凭证、付款凭证和转账凭证三类分别编号。每月从第 1 号凭证开始，如收字 1 号、付字 1 号、转字 1 号等。

采用专用记账凭证，资金收付比较繁多时，按现金收款凭证、现金付款凭证、银行存款收款凭证、银行存款付款凭证和转账凭证 5 类分别编号。每月从第 1 号凭证开始，如现收 1 号、现付 1 号、银收 1 号、银付 1 号、转 1 号等。

另外，一笔经济业务需要填制两张或两张以上记账凭证的，可以采用分数编号法编号。例如，一项转账业务，凭证的顺序号为第 8 号，需要填制两张记账凭证，这两张记账凭证的编号为转字 $8\frac{1}{2}$ 号、转字 $8\frac{2}{2}$ 号。

（三）记账凭证的摘要栏

摘要栏是对经济业务的简要说明，摘要应与原始凭证内容一致，能正确反映经济业务的主要内容，表达简短精练。

（四）会计科目的填写

会计人员必须根据经济业务的内容，采取会计制度规定的会计科目，正确编制会计分录，会计科目不能任意用科目的编号或简称来代替。

收款凭证左上方的“借方科目”填写“库存现金”或“银行存款”；凭证内的“贷方科目”栏填写与其对应的贷方科目。

付款凭证左上方的“贷方科目”填写“库存现金”或“银行存款”；凭证内的“借方科目”栏填写与其对应的借方科目。

转账凭证按照借贷顺序填入“总账科目”和“明细科目”栏。

（五）金额的填写

填好会计科目后，将发生额对应填入右边的金额栏，合计栏中的合计数前要加“￥”。合计金额要计算准确，并保持借方与贷方之间的平衡。

（六）注销记账凭证中的空行

在记账凭证中填制完经济业务事项后，如有空行，应当自金额栏最后一笔金额数字下的空行至合计数上的空行画斜线注销。

（七）记账凭证“附件”的填写

记账凭证所附的原始凭证必须完整无缺，并在记账凭证上注明所附原始凭证的自然张数。记账凭证可以根据每一张原始凭证填制，或者根据若干张同类原始凭证汇总填制在一张记账凭证上。

除结账和更正错误的记账凭证可以不附原始凭证外，其他记账凭证必须附有原始凭证。

如果一张原始凭证涉及几张记账凭证，可以把原始凭证附在一张主要的记账凭证后面，并在其他记账凭证“附单据　张”的位置注明附有该原始凭证的记账凭证的编号。

（八）过账

当会计人员根据审核无误的记账凭证登记账簿后，应在记账凭证中记账符号处打“√”，说明已登账。

（九）记账凭证的签字或盖章

制证、复核、出纳、记账、会计主管等各类人员在完成各自的职责以后均应签字或盖章，以明确经济责任。

此外，实行会计电算化的单位，要认真审核机制记账凭证，做到会计科目使用正确、数字准确无误。打印出的机制记账凭证也要加盖制单人员、审核人员、记账人员、会计机构负责人、会计主管人员印章或由上述人员签名。

任务实施

★案例资料

【例3-45】　2024年4月1日，行政部门从益友办公用品商店购买A4复印纸4包，单价20元，以现金支付，如图3-17所示。

例题分析：此原始凭证为增值税普通发票，是购买办公用品所得，用现金支付，所以应填制付款凭证，如图3-18所示。

填制步骤如下：

（1）填写贷方科目。付款凭证左上方的“贷方科目”应填写“库存现金”。

（2）填写日期。正上方日期处填写编制记账凭证当天的日期，即2024年4月1日。

（3）记账凭证的编号。付款凭证右上方“字第号”是记账凭证的编号，应按记账凭证的填制顺序填写。本经济业务属于付款业务的第一张凭证，应填写“付字第1号”。

（4）记账凭证的摘要。“摘要”栏填写经济业务的内容，要求简明扼要。本题为用现金购买办公用品，应填写“购买A4复印纸”。

（5）填写借方科目。凭证内的“借方科目”中的“总账科目”填写“管理费用”；“明细

科目”填写总账所属的子目或细目，即“办公费”。

电子发票（增值税普通发票）

发票号码：30482586000000002136
开票日期：2024年4月1日

购买方信息	名称：石家庄市万科工厂 统一社会信用代码/纳税人识别号：911309876543214536	销售方信息	名称：石家庄市益友办公用品商店 统一社会信用代码/纳税人识别号：911305427956146238

项目名称	规格型号	单位	数量	单价	金额	税率/征收率	税额
*办公用品*复印纸	A4	包	4	20.00	80.00	13%	10.40
合　计					¥80.00		¥10.40
价税合计（大写）	⊗玖拾圆肆角整					（小写）¥90.40	
备注							

开票人：李丽

图 3-17　增值税普通发票

付　款　凭　证

贷方科目：库存现金　　　　2024年4月1日　　　　付字第　1　号

摘　要	借方科目		金额								√
	总账科目	明细科目	十	万	千	百	十	元	角	分	
购买A4复印纸	管理费用	办公费					9	0	4	0	
合　计						¥	9	0	4	0	

附单据1张

会计主管：李梅　　记账：　　出纳：陈红　　复核：林英　　制单：宁静

图 3-18　付款凭证

（6）填写金额。在“金额”栏相对应的行次填写借方一级科目及其所属子目或细目的金额。金额栏第一行填写“90.40”元。

（7）填写金额的“合计”行。“合计”行金额表示贷方科目“库存现金”的总金额，金额计算要求准确无误。在“合计”行填写“¥90.40”。

（8）注销空行。在记账凭证中填制完经济业务事项后，如有空行，应当自金额栏最后一笔金额数字下的空行至合计数上的空行画斜线注销。

（9）填写记账符号。当会计人员根据审核无误的记账凭证登记账簿后，应在凭证上打“√”，说明已登账。本题没有登账，在金额后的记账符号处不用打“√”。

（10）填写凭证“附单据”。“附单据”填写该编号记账凭证所依据的原始凭证的张数，以备核查。本题根据一张原始凭证编制，应填写“附单据 1 张”。

（11）记账凭证的签章。制单、复核、出纳、记账、会计主管等各类人员在完成各自的职责以后均应签章，以明确经济责任。本题应有制单、复核、出纳、会计主管人员签章。

【例 3-46】 2024 年 4 月 22 日，销售给白云公司甲产品 100 件，单价 120 元，价款 12 000 元，增值税 1 560 元，共计 13 560 元，收到支票 1 张，如图 3-19～图 3-22 所示。

电子发票（增值税专用发票）

发票号码：30482796000000002716
开票日期：2024年4月22日

购买方信息	名称：石家庄市白云公司 统一社会信用代码/纳税人识别号：911301181181118256	销售方信息	名称：石家庄市万科工厂 统一社会信用代码/纳税人识别号：911309876543214536

项目名称	规格型号	单位	数量	单价	金额	税率/征收率	税额
*家用电器*甲产品		件	100	120.00	12000.00	13%	1560.00
合　计					￥12000.00		￥1560.00
价税合计（大写）	⊗壹万叁仟伍佰陆拾圆整						（小写）￥13560.00
备注							

开票人：杨明

图 3-19　增值税专用发票

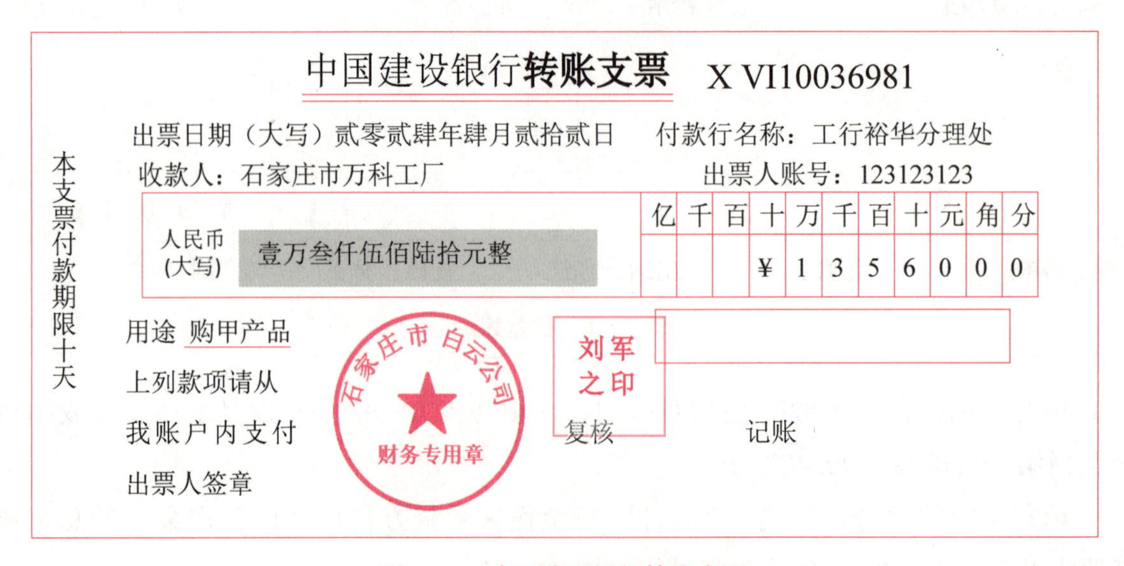

中国建设银行**转账支票**　X VI10036981

出票日期（大写）贰零贰肆年肆月贰拾贰日　付款行名称：工行裕华分理处

收款人：石家庄市万科工厂　出票人账号：123123123

本支票付款期限十天

人民币（大写）	亿	千	百	十	万	千	百	十	元	角	分
壹万叁仟伍佰陆拾元整				￥	1	3	5	6	0	0	0

用途 购甲产品

上列款项请从

我账户内支付

出票人签章

石家庄市白云公司 财务专用章

刘军之印

复核　记账

图 3-20　中国建设银行转账支票

附加信息	被背书人：建设银行西大街支行
	委托收款 石家庄市万科工厂 财务专用章　王大伟印 背书人签章 2024 年 4 月 22 日

图 3-21　转账支票背面

中国建设银行进账单（收账通知）

2024 年 4 月 22 日　　　　第 01 号

出票人	全　称	石家庄市白云公司	收款人	全　称	石家庄市万科工厂
	账　号	123123123		账　号	123456789
	开户银行	工行裕华分理处		开户银行	中国建设银行石家庄西大街支行
金额	人民币（大写）	壹万叁仟伍佰陆拾元整			¥ 1 3 5 6 0 0 0
票据种类	转账支票	票据张数	1 张	中国建设银行石家庄市西大街支行 2024. 4. 22 转讫	
票据号码	X VI10036981				
复核　记账				收款人开户行盖章	

收款人开户银行给收款人的收账通知

图 3-22　中国建设银行进账单（收款通知）

例题分析：本题是销售商品，款项收妥，应填制收款凭证，如图 3-23 所示。

收　款　凭　证

借方科目：　银行存款　　　　2024年4月22日　　　　收 字第 1 号

摘　要	贷方科目		金额								√
	总账科目	明细科目	十	万	千	百	十	元	角	分	
销售甲产品	主营业务收入	甲产品		1	2	0	0	0	0	0	
	应交税费	应交增值税（销项税额）			1	5	6	0	0	0	
合　计			¥	1	3	5	6	0	0	0	

附单据 2 张

会计主管：李梅　　记账：　　出纳：陈红　　复核：林英　　制单：宁静

图 3-23　收款凭证

填制步骤如下：

（1）填写借方科目。收款凭证左上方的“借方科目”应填写“银行存款”。

（2）填写日期。正上方日期处填写编制记账凭证当天的日期，即 2024 年 4 月 22 日。

（3）记账凭证的编号。收款凭证右上方“字第　号”是记账凭证的编号，应按记账凭证的填制顺序填写。例如，本经济业务属于收款业务的第一张凭证，应填写“收字第 1 号”。

（4）记账凭证的摘要。“摘要”栏填写经济业务的内容，要求简明扼要。本题为销售甲产品，款项已收妥，应填写“销售甲产品”。

（5）填写贷方科目。凭证内的“贷方科目”中的“总账科目”填写“主营业务收入”和“应交税费”；“明细科目”填写总账所属的子目或细目，分别为“甲产品”和“应交增值税（销项税额）”。

（6）填写金额。在“金额”栏相对应的行次填写贷方一级科目及其所属子目或细目的金额。金额栏第一行填写货款“12 000.00”元，第二行填写税款“1 560.00”元。

（7）填写金额的“合计”行。“合计”行金额表示借方科目“银行存款”的总金额，金额计算要求准确无误。在“合计”行填写“￥13 560.00”。

（8）注销空行。在记账凭证中填制完经济业务事项后，如有空行，应当自金额栏最后一笔金额数字下的空行至合计数上的空行画斜线注销。

（9）填写记账符号。当会计人员根据审核无误的记账凭证登记账簿后，应在凭证上打“√”，说明已登账。本题没有登账，不用在金额后的记账符号处打“√”。

（10）填写凭证“附单据　张”。填写该记账凭证所依据的原始凭证的张数，以备核查。本题根据两张原始凭证编制，应填写“附单据 2 张”。

（11）记账凭证的签章。制单、复核、出纳、记账、会计主管等各类人员在完成各自的职责以后均应签章，以明确经济责任。本题应有制单、复核、出纳、会计主管人员签章。

【例 3-47】　2024 年 4 月 30 日，产品加工完成验收入库，如图 3-24、图 3-25 所示。

产品入库单

第 001 号

2024年4月30日

名称	编号	单位	数量	单价	金额									备注
					百	十	万	千	百	十	元	角	分	
甲产品		件	300	91.16			2	7	3	4	8	0	0	
乙产品		件	300	146.74			4	4	0	2	2	0	0	
合　计						￥	7	1	3	7	0	0	0	

第三联　记账联

仓库主管：陈达　　会计：杨明　　质检员：王峰　　保管员：王新　　经手人：李立

图 3-24　产品入库单

完工产品成本汇总表

2024年4月30日

产品名称	计量单位	产量	直接材料	直接人工	制造费用	总成本	单位成本
甲产品	件	300	8 000	16 800	2 548	27 348	91.16
乙产品	件	300	15 000	25 200	3 822	44 022	146.74
合计			23 000	42 000	6 370	71 370	

审核：郑萍　　　　　　　　　　　　　　　　　　制表：杨明

图 3-25　完工产品成本汇总表

例题分析：本题计算月末计算完工产品成本并结转入库，因为没有涉及库存现金和银行存款，所以应该编制转账凭证，如图 3-26 所示。

转　账　凭　证

2024年4月30日　　　　　　　　　　转字第1号

摘　　要	总账科目	明细科目	借方金额								贷方金额								√
			十	万	千	百	十	元	角	分	十	万	千	百	十	元	角	分	
完工产品入库	库存商品	甲产品		2	7	3	4	8	0	0									
	库存商品	乙产品		4	4	0	2	2	0	0									
	生产成本	甲产品										2	7	3	4	8	0	0	
	生产成本	乙产品										4	4	0	2	2	0	0	
合　　计			¥	7	1	3	7	0	0	0	¥	7	1	3	7	0	0	0	

附单据2张

会计主管：李梅　　　记账：　　　出纳：　　　复核：林英　　　制单：宁静

图 3-26　转账凭证

填制步骤如下：

（1）填写日期。正上方日期处填写编制记账凭证当天的日期，即 2024 年 4 月 30 日。

（2）记账凭证的编号。转账凭证右上方“字第号”按转账业务的顺序填写“转字第 1 号”。

（3）记账凭证的摘要。“摘要”栏简明扼要地填写经济业务的内容“完工产品入库”。

（4）填写会计科目。凭证内的“总账科目”“明细科目”栏分别填写经济业务发生后所涉及的全部一级科目名称及其所属的明细科目名称。本题是完工产品入库，“总账科目”填写“库存商品”和“生产成本”；“库存商品”和“生产成本”的明细科目填写“甲产品”“乙产品”。

（5）填写金额。在“借方金额”栏和“贷方金额”栏相应的行次内计算填列与前面会计科目及所属明细科目相对应的应借或应贷的金额。金额栏第一行填写借方金额“27 348.00”元；第二行填写借方金额“44 022.00”元；第三行填写贷方金额“27 348.00”元，第四行填写贷方金额“44 022.00”元。

（6）填写金额的“合计”行。“合计”行填列借方会计科目金额合计和贷方会计科目金额合计，且两者相等。本题应填写“￥71 370.00”。

（7）注销空行。在记账凭证中填制完经济业务事项后，如有空行，应当自金额栏最后一笔金额数字下的空行至合计数上的空行画斜线注销。

（8）填写记账符号。当会计人员根据审核无误的记账凭证登记账簿后，应在记账凭证上打“√”，说明已登账。本题没有登账，不用在金额后的记账符号处打“√”。

（9）填写凭证“附单据　张”。填写该编号记账凭证所依据的原始凭证的张数，以备核查。本题根据两张原始凭证编制，应填写“附单据2张”。

（10）记账凭证的签名或盖章。制单、复核、记账、会计主管等各类人员在完成各自的职责以后均应签名或盖章，以明确经济责任。本题应由制单、复核、会计主管人员签名或盖章。

三、记账凭证的审核

为了使记账凭证能够真实准确地反映经济业务状况，保证账簿记录的质量，在依据记账凭证登记账簿之前，必须由有关人员对已填制完毕的记账凭证进行认真严格的审核。审核记账凭证的主要内容有以下几方面。

（1）审核记账凭证是否附有原始凭证。所附原始凭证的张数与记账凭证上填写的附单据张数是否一致，记账凭证上填写的经济业务内容与原始凭证上记载的经济业务内容是否相符，记账凭证上的金额与所附原始凭证上的金额是否相等。审核时，必须注意：没有附原始凭证的记账凭证无效（除特殊情况外），它不能作为登记账簿的依据。

（2）审核记账凭证中确定的会计分录是否正确。其中必须注意：使用的会计科目是否准确；会计科目之间的对应关系是否清楚；借方金额与贷方金额的计算是否准确无误，两者的合计是否平衡相等；一级科目的金额与其所属明细科目的金额之和是否相符。

（3）审核记账凭证中所列示的各个项目是否已经填写齐全、完整，有关经办人员是否按照规定的手续和程序在记账凭证上签章。

（4）在期末结算转账和更正错账等类型的业务中，所填制的记账凭证没有原始凭证作为依据，会计主管人员必须在所填制的这些记账凭证上签章加以证明，然后才能作为登记账簿的依据。因此，还要审核记账凭证是否具备了规定的手续，并了解其是否真实。

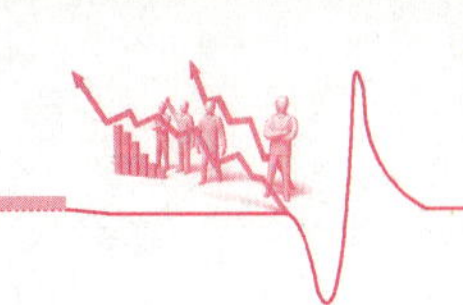

任务实施

★技能考核

【考核要求】根据以下经济业务填制通用记账凭证并完成审核。

石家庄市财贸有限责任公司在 2023 年 12 月发生一系列经济业务，本实务中选取的部分业务如下：

（1）1 日，公司收到甲投资者投入的货币资金 500 000 元，存入银行，如图 3-27 所示。（附原始凭证：银行转账支票 1 张；以下不再具体说明原始凭证内容，只涉及张数）

记 账 凭 证

2023年12月1日　　　　记字第1 号

摘要	会计科目		借方金额										贷方金额										√
	总账科目	明细科目	千	百	十	万	千	百	十	元	角	分	千	百	十	万	千	百	十	元	角	分	
收到货币资金投资	银行存款				5	0	0	0	0	0	0	0											
	实收资本	甲投资者													5	0	0	0	0	0	0	0	
合计				¥	5	0	0	0	0	0	0	0		¥	5	0	0	0	0	0	0	0	

附单据1张

会计主管：李梅　　记账：　　出纳：陈红　　复核：林英　　制单：宁静

图 3-27 记账凭证

（以下记账凭证的填制由学生自行完成）

（2）5 日，向银行借入期限为 6 个月的借款 50 000 元，存入公司银行账户。（附原始凭证 2 张）

（3）7 日，用银行存款偿还期限为 3 个月的到期借款 40 000 元。（附原始凭证 1 张）

（4）8 日，经批准将企业的资本公积 100 000 元转增注册资本。（附原始凭证 1 张）

（5）10 日，从胜利工厂购入 A 材料 5 000 千克，买价 50 000 元，增值税进项税额 6 500 元。款项用银行存款支付，材料同时验收入库。（附原始凭证 3 张）

（6）11 日，从红光工厂购入 B 材料 5 000 千克，买价 20 000 元，增值税进项税额 2 600 元。款项用银行存款支付，材料尚未到达。（附原始凭证 2 张）

（7）13 日，从红光工厂购入的 B 材料 5 000 千克到达，并已验收入库。（附原始凭证 1

张）

（8）14日，采购员于宁出差，预借差旅费500元，以现金支付。（附原始凭证1张）

（9）15日，从银行提取现金50 000元，准备发放工资。（附原始凭证1张）

（10）15日，用现金50 000元发放职工工资。（附原始凭证1张）

（11）18日，于宁出差回来，报销差旅费465元，退回现金35元。（附原始凭证2张）

（12）20日，用现金购入办公用品，其中生产车间100元，管理部门300元。（附原始凭证1张）

（13）21日，销售给红星工厂甲产品100件，每件售价300元，计30 000元，增值税销项税额3 900元，款项已收存银行存款户。（附原始凭证3张）

（14）25日，销售给昌盛工厂B材料500千克，每千克售价40元，计20 000元，增值税销项税额2 600元，款项已收存银行。（附原始凭证2张）

（15）27日，企业收到A公司的违约罚款利得50 000元转作营业外收入。（附原始凭证1张）

（16）28日，企业用银行存款向地震灾区捐款25 000元。（附原始凭证1张）

（17）31日，根据领料凭证汇总表，本月领用材料如表3-13所示。（附原始凭证1张）

表3-13 领料凭证汇总表

单位：元

材料种类	领料部门及用途				金额合计
	甲产品	乙产品	车间耗用	管理部门	
A材料	40 000	5 000			45 000
B材料		18 000			18 000
C材料			3 000	1 000	4 000
D材料	11 000	3 000			14 000
合计	51 000	26 000	3 000	1 000	81 000

（18）31日，结转本月应付职工工资50 000元，其中：生产甲产品工人工资20 000元，生产乙产品工人工资15 000元，生产车间管理人员工资5 000元，企业管理人员工资10 000元。（附原始凭证1张）

（19）31日，计提本月固定资产折旧6 500元，其中：生产车间固定资产折旧4 300元，企业管理部门固定资产折旧2 200元。（附原始凭证1张）

（20）31日，将本月发生的制造费用转入生产成本，其中：甲产品负担21 200元，乙产品负担12 900元。（附原始凭证1张）

（21）31日，结转本月完工入库产品的生产成本。其中：甲产品500件全部完工，总成本95 000元，乙产品400件全部完工，总成本56 000元。（附原始凭证2张）

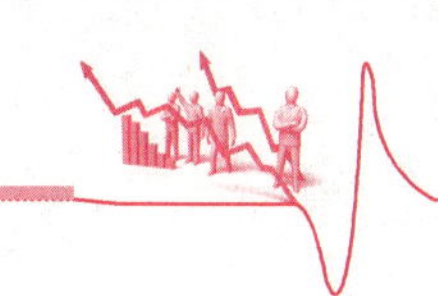

（22）31 日，结转本月销售甲产品 100 件的销售成本 15 000 元。(附原始凭证 2 张)

（23）31 日，结转本月已销 B 材料 500 千克的成本 10 000 元。(附原始凭证 1 张)

（24）31 日，将损益类有关收入账户的余额结转到“本年利润”账户。其中：主营业务收入 170 000 元（甲产品 12 0000 元，乙产品 50 000 元），其他业务收入 20 000 元，营业外收入 50 000 元，投资收益 15 000 元。(该笔业务属于月末结账，后不附原始凭证)

（25）31 日，将损益类有关费用账户的余额结转到“本年利润”账户，其中：主营业务成本 106 000 元（甲产品 76 000 元，乙产品 30 000 元），税金及附加 1 105 元，其他业务成本 10 000 元，销售费用 3 000 元，管理费用 19 365 元，财务费用 2 100 元，营业外支出 25 000 元。(该笔业务属于月末结账，后不附原始凭证)

（26）31 日，年末结转全年累计实现的净利润 500 000 元。(该笔业务属于月末结账，后不附原始凭证)

（27）31 日，按全年净利润的 10%提取法定盈余公积 50 000 元。(附原始凭证 1 张)

（28）31 日，研究决定本年向投资者分配利润 200 000 元。(附原始凭证 1 张)

职业能力训练

任务实训：根据上述任务实施中的实训内容，编制记账凭证并完成审核。

任务七　了解会计凭证的传递与保管

任务目标

会计凭证的传递和保管，可以加强有关部门的经济责任，促进会计核算工作的进展，同进可以及时地反映和监督经济业务的完成情况，从而有利于加强经营管理上责任制度的体现，充分发挥会计数据的作用。

知识精讲

一、会计凭证的传递

（一）会计凭证传递的含义

会计凭证的传递是指凭证从取得或填制时起，经过审核、记账、装订到归档保管时止，

在单位内部各有关部门和人员之间按规定的时间、路线办理业务手续和进行处理的过程。

（二）科学合理地组织会计凭证传递的意义

正确合理地组织会计凭证的传递，对及时处理和登记经济业务，协调单位内部各部门、各环节的工作，加强经营管理的岗位责任制，实行会计监督，具有重要作用。例如，对于材料收入业务的凭证传递，应明确规定：材料运达企业后，需多长时间验收入库，由谁负责填制收料单，又由谁在何时将收料单送交会计及其他有关部门；会计部门由谁负责审核收料单，由谁在何时编制记账凭证和登记账簿，又由谁负责整理或保管凭证，等等。

（三）科学合理地规定会计凭证传递的内容

会计凭证的传递主要包括凭证的传递路线、传递时间和传递手续三个方面的内容。

各单位应根据经济业务的特点、机构设置、人员分工情况，以及经营管理方面的需要，明确规定会计凭证的联次及其流程。既要使会计凭证经过必要的环节进行审核和处理，又要避免会计凭证在不必要的环节停留，从而保证会计凭证沿着最简捷、最合理的路线传递。

会计凭证的传递时间是指各种凭证在各经办部门、环节所停留的最长时间。它应根据各部门和有关人员在正常情况下办理经济业务所需时间来合理确定。明确会计凭证的传递时间，能防止拖延处理和积压凭证，保证会计工作的正常秩序，提高工作效率。一切会计凭证的传递和处理，都应在报告期内完成。否则，将会影响会计核算的及时性。

会计凭证的传递手续是指在凭证传递过程中的衔接手续。应该做到既完备严密，又简便易行。凭证的收发、交接都应按一定的手续制度办理，以保证会计凭证的安全和完整。

为了确保会计凭证的传递工作正常有序，更好地发挥会计凭证的作用，企业内部应制定出一套合理的会计凭证传递制度，使凭证传递的整个过程环环相扣，从而加速经济业务的处理进程，保证会计部门迅速、及时地取得和处理会计凭证，提高各项工作的效率，充分发挥会计的监督作用。会计凭证的传递路线、传递时间和传递手续，还应根据实际情况的变化及时加以修改，以确保会计凭证传递的科学化、制度化。

二、会计凭证的保管

会计凭证是各项经济活动的历史记录，是重要的经济档案。为了便于随时查阅利用，各种会计凭证在办理好各项业务手续，并据以记账后，应由会计部门加以整理、归类，并送交档案部门妥善保管。为了保管好会计凭证，更好地发挥会计凭证的作用，《会计基础工作规范》对此做了明确的规定，具体可归纳为以下几点：

（一）会计凭证的整理归类

会计部门在记账以后，应定期（一般为每月）将会计凭证加以归类整理，即把记账凭证

及其所附原始凭证，按记账凭证的编号顺序进行整理，在确保记账凭证及其所附原始凭证完整无缺后，将其折叠整齐，加上封面、封底，装订成册，并在装订线上加贴封签，以防散失和任意拆装。在封面上要注明单位名称、凭证种类、所属年月和起讫日期、起讫号码、凭证张数等。会计主管或指定装订人员要在装订线封签处签名或盖章，然后入档保管。

对于那些数量过多或各种随时需要查阅的原始凭证，可以单独装订保管，在封面上注明记账凭证的日期、编号、种类，同时在记账凭证上注明“附件另订”字样。各种经济合同和重要的涉外文件等凭证，应另编目录，单独登记保管，并在有关记账凭证和原始凭证上注明。

（二）会计凭证的造册归档

会计部门按照归档的要求将每年的会计凭证都整理立卷或装订成册。当年的会计凭证，在会计年度终了后，可暂由会计部门保管一年，期满后，原则上应由会计部门编造清册移交本单位档案部门保管。档案部门接收的会计凭证，原则上要保持原卷册的封装，个别需要拆封重新整理的，应由会计部门和经办人员共同拆封整理，以明确责任。会计凭证必须做到妥善保管，存放有序，查找方便，并要严防毁损、丢失和泄密。

（三）会计凭证的借阅

会计凭证原则上不得借出，如有特殊需要，须报请批准，但不得拆散原卷册，并应限期归还。需要查阅已入档的会计凭证时，必须办理借阅手续。其他单位因特殊原因需要使用原始凭证时，经本单位负责人批准，可以复制。但向外单位提供的原始凭证复印件，应在专设的登记簿上登记，并由提供人员和收取人员共同签名或盖章。

（四）会计凭证的销毁

会计凭证的保管期限，一般为30年。保管期未满，任何人都不得随意销毁会计凭证。按规定销毁会计凭证时，必须开列清单，报经批准后，由档案部门和会计部门共同派员监督销毁。在销毁会计凭证前，监督销毁人员应认真清点核对。销毁后，在销毁清册上签名或盖章，并将监销情况报本单位负责人。

职业能力训练

1. 判断题（下列答案中正确的打“√”，错误的打“×”）

（1）会计档案的保管期限是从会计年度终了后第一天开始。　　（　　）

（2）会计凭证的保管是指从会计凭证的取得或填制时起至归档保管过程中，在单位内部有关部门和人员之间的传送程序。　　（　　）

2. 选择题（下列答案中有一项或者多项是正确的）

（1）会计工作交接完毕，需要在移交清册上签名盖章的是（　　）。

A. 接管人员　　B. 移交人员
C. 移交人员、接管人员　　D. 移交人员、接管人员和监交人员

（2）正确组织会计凭证传递时应考虑的因素有（　　）。

A. 企业经济业务的特点　　B. 企业内部机构的设置
C. 提高会计核算工作效率　　D. 会计人员的分工

素养课堂

【主题】坚持“实事求是”，自觉抵制会计造假行为，维护国家财经纪律

【背景】

某市中京酒店在纳税管理上实行定期、定额的管理方式，由税务部门为该酒店核定征收税款。为了检查该酒店的纳税情况，主管该酒店的税务部门做了以下几项工作：

（1）税务人员利用突击检查的方式取得了该酒店的银行账号与银行结账单，并到该酒店的开户银行调取银行对账单。

（2）反方向寻找线索，在该酒店所在地区的 10 余家经常与该酒店发生业务往来的单位进行外调。

（3）详细检查、鉴别了该酒店开出的 1 000 多份发票。

结果发现，该酒店开出的 1 000 多份发票中存在问题的有 10 多份，税务部门根据《中华人民共和国税收征收管理法》第六十三条的规定认定该酒店的违法行为已构成偷税，同时违反了《中华人民共和国发票管理办法》第三十六条的规定，决定对该酒店查补税款 125 801 元，处以罚款 500 801 元。

经查，该酒店的惯用做法主要如下：

（1）张冠李戴。很多企业经常使用这种方式，也就是使用其他企业、行业发票到消费单位结账，如使用广告业发票、汽车维修发票、商业零售发票等。这些发票都是通过关系获取的正规发票，被利用之后，其违法行为就披上了“合法”的外衣。在检查中发现，该酒店利用外单位发票违规涉税金额达 150 多万元。

（2）投其所好。酒店业主为了迎合消费单位避免业务招待费超标而多缴税的心理，经常利用其他行业发票将餐饮支出开列成其他支出项目入账，如将业务招待费变换成广告费、汽车维修费和办公用品费等。

（3）债务转移。该酒店的某消费单位在一汽车维修公司维修汽车，而维修公司又欠该酒店的消费款。该酒店便从中协调，让消费单位将维修款直接汇给该酒店。由于该维修公司实行定期、定额的管理方式核定征收税款，未建账，所以，这种做法使酒店业主减少了应收账款，账面营业收入也未增加，同时还“节约”了发票，一举数得。

【提示】

（1）企业利用发票偷税的手段较多，主要包括伪造、倒卖发票，尤其是餐饮业的定额发票和运输业的车票；不按照规定使用正式发票，如用过期或作废的发票；非法代开发票；大头小尾，即开抽芯发票；发票混用、乱用，不按范围、对象使用发票。另外，很多企业以低价销售或以给经办人回扣为诱饵吸引对方不要发票，个别企业甚至拒开发票。

（2）该酒店的发票作假手段比较隐蔽，主要是因为这种做法从表面上看使用了正式发票，但实质上未按规定使用发票，如利用发票逃税来拉拢客户，用征税方式不同钻税收征管的空子等。从本例来看，该酒店有恶意使用发票之嫌，必须予以严惩。

（3）党的二十大报告指出，中国式现代化是人与自然和谐共生的现代化。如何通过税收现代化促进生态文明建设，是当前税收现代化的一个重点方向。要稳步建立完善绿色税制，自 2016 年全面实施资源税清费立税，2018 年开征环境保护税，2018 年耕地占用税法表决通过和 2020 年资源税法正式施行，建立健全绿色税制成为税务部门的重点工作。要合理建立完善的绿色税制，制度落地促进推动青山绿水建设，建设美丽中国。多方促进企业主动转变发展方式，既算经济账又算环保账，充分发挥税收调节作用，加快绿色转型升级，促进中国式现代化的高质量发展。

【反思】

（1）企业利用发票偷税的手段多种多样，你了解到的还有哪些？

（2）为什么说该酒店采用的发票作假手段比较隐蔽？

（3）说说你如何理解“绿色税制”。

项目评价

项目名称	考核内容	分值	考核要求及评分标准	得分
项目三 填制与审核 记账凭证	职业能力训练	10	判断正确并能说明理由	
		10	选择正确并能说明理由	
	实务训练	10	积极参与课前调研和学习	
		20	案例分析思路清晰，经济业务解析明确	
		20	领会记账凭证的填制和审核	
		20	正确作出主要经济业务的账务处理	
	职业素养	5	学习态度严谨，团队协作能力强	
		5	具有良好的职业道德修养	
合计		100	实际总得分	

续表

<table>
<tr><td>项目名称</td><td>考核内容</td><td>分值</td><td>考核要求及评分标准</td><td>得分</td></tr>
<tr><td colspan="5">学生自评</td></tr>
<tr><td colspan="3">评价内容</td><td colspan="2">评价等级（★★★、★★、★）</td></tr>
<tr><td colspan="3">课堂互动积极，愿意和老师互动</td><td colspan="2"></td></tr>
<tr><td colspan="3">能够自主学习，及时解决问题</td><td colspan="2"></td></tr>
<tr><td colspan="3">积极参与调研，与小组同伴相处融洽</td><td colspan="2"></td></tr>
<tr><td colspan="3">能够积极主动地完成课堂任务</td><td colspan="2"></td></tr>
<tr><td colspan="3">能够总结归纳本节课的知识内容</td><td colspan="2"></td></tr>
</table>

项目四

设置与登记会计账簿

项目导航

本项目介绍会计账簿的设置、启用、登记、对账、结账、错账更正以及账簿的更换、保管等内容。通过本项目的学习，掌握会计账簿设置的基本原理与方法，学会如何在实际工作中，根据有关资料的相互联系建立一个完整的账户核算体系，以满足企业会计核算的需要。在处理经济业务时，发扬工匠精神，整理出完整的会计资料，为每个数据提供可稽可查的支撑，也为进一步学习编制会计报表打下坚实的基础。

职业能力目标

1. 了解会计账簿的作用；掌握会计账簿的概念和种类；掌握账簿的设置、启用及登记规则。

2. 掌握总账、日记账、明细账的设置方法；能根据企业实际经济业务需要，准确选择和使用三栏式、数量金额式、多栏式和横线登记式等不同格式的账页。

3. 掌握对账、结账、错账更正的方法，能够正确选择恰当方法进行错账更正；熟悉账簿的更换与保管规定。

职业素养目标

培养学生专业匠心精神，在业财融合之下，注重精益管理，增强法律意识、合规意识、创新意识和实践能力，为将来的职业发展打下坚实的基础。

任务一 设置和启用会计账簿

任务目标

设置和启用会计账簿，是重要的会计核算基础工作，也是连接会计凭证和会计报表的中间环节，做好这项工作，对于加强经济管理具有十分重要的意义。学习时，我们要能够正确理解会计账簿的概念和意义，掌握账簿按其用途、账页格式和外形特征等不同标准的分类，能够正确启用会计账簿，并熟练掌握记账规则。

知识精讲

一、会计账簿的含义

会计账簿，简称账簿，是指由一定格式的账页组成的，以经过审核的会计凭证为依据，全面、系统、连续地记录各项经济业务和会计事项的簿籍。

二、会计账簿的作用

设置和登记账簿，是编制财务报表的基础，是连接会计凭证和财务报表的中间环节。账簿的设置和登记在会计核算中具有重要作用。

（1）记载和储存会计信息。

（2）分类和汇总会计信息。

（3）检查和校正会计信息。

（4）编报和输出会计信息。

三、账簿的种类

为了便于人们了解、掌握和使用各种账簿，需要对账簿进行分类。账簿的种类如图4-1所示。

账簿的种类

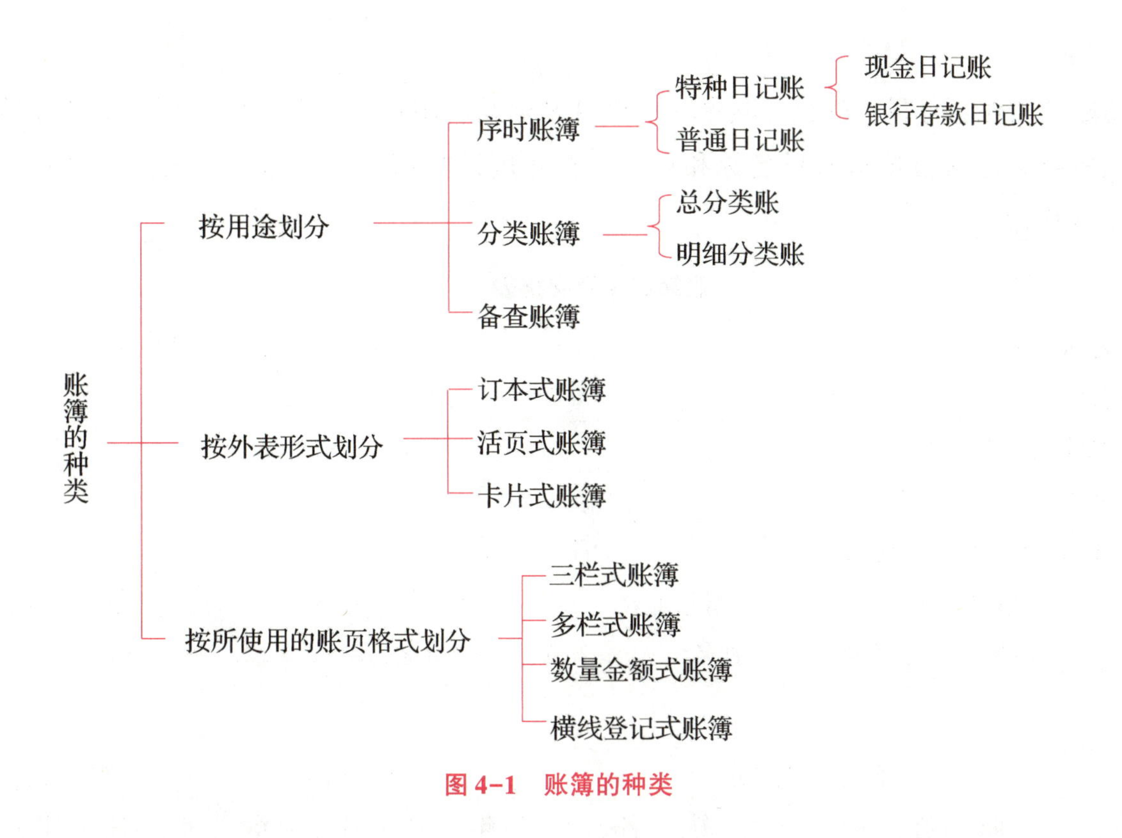

图 4-1　账簿的种类

四、账簿的设置

账簿的设置，要根据各个企业规模的大小、经济业务的繁简和管理的实际需要而定。一般一个企业至少应设置四种账簿，包括库存现金日记账、银行存款日记账、总分类账和明细分类账。除此之外，企业还可以根据需要建立一些辅助性备查账簿，如租赁固定资产登记簿、空白凭证领用登记簿等。

五、账簿的启用

启用会计账簿时，应当在账簿的有关位置记录以下相关信息：

启用账簿

（一）账簿的封面

除订本账不另设封面以外，各种活页账都应设置封面和封底，并登记单位名称、账簿名称和所属会计年度。

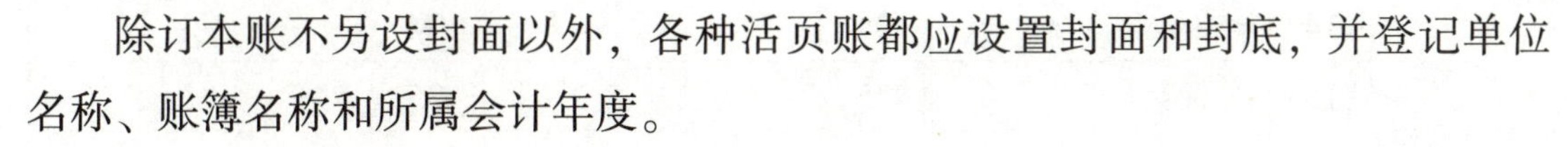

（二）登记账簿启用及经管人员一览表

在启用新会计账簿时，应首先填写在扉页上印制的“账簿启用及交接表”中的启用说明，其中包括单位名称、账簿名称、账簿编号、账簿页数、启用日期；经管账簿单位会计机构负责人、经管人员、移交人和移交日期、经管人和接管日期等项目，并加盖单位公章，详见图 4-2。

（三）填写账户目录

总账应按照会计科目的编号顺序填写科目名称及启用页码。在启用活页式明细分类账时，应按照所属会计科目填写科目名称和页码，在年度结账后，撤去空白账页，填写使用页码，如图 4-3 所示。

账簿启用及交接表

<table>
<tr><td colspan="2">单位名称</td><td colspan="5"></td><td colspan="6">单位公章</td></tr>
<tr><td colspan="2">账簿名称</td><td colspan="5">（第　　册）</td><td colspan="6" rowspan="4"></td></tr>
<tr><td colspan="2">账簿编号</td><td colspan="5"></td></tr>
<tr><td colspan="2">账簿页数</td><td colspan="5">本账簿共计　　页　　（本账簿页数　　）</td></tr>
<tr><td colspan="2">启用日期</td><td colspan="5">公元　　年　　月　　日</td></tr>
<tr><td rowspan="3">经管人员</td><td colspan="2">单位主管</td><td colspan="2">财务主管</td><td colspan="4">复　核</td><td colspan="4">记　账</td></tr>
<tr><td>姓名</td><td>盖章</td><td>姓名</td><td>盖章</td><td colspan="3">姓名</td><td>盖章</td><td colspan="3">姓名</td><td>盖章</td></tr>
<tr><td></td><td></td><td></td><td></td><td colspan="3"></td><td></td><td colspan="3"></td><td></td></tr>
<tr><td rowspan="6">接交记录</td><td colspan="4">经　管　人　员</td><td colspan="4">接　管</td><td colspan="4">交　出</td></tr>
<tr><td colspan="2">职　别</td><td colspan="2">姓　名</td><td>年</td><td>月</td><td>日</td><td>盖章</td><td>年</td><td>月</td><td>日</td><td>盖章</td></tr>
<tr><td colspan="2"></td><td colspan="2"></td><td></td><td></td><td></td><td></td><td></td><td></td><td></td><td></td></tr>
<tr><td colspan="2"></td><td colspan="2"></td><td></td><td></td><td></td><td></td><td></td><td></td><td></td><td></td></tr>
<tr><td colspan="2"></td><td colspan="2"></td><td></td><td></td><td></td><td></td><td></td><td></td><td></td><td></td></tr>
<tr><td colspan="2"></td><td colspan="2"></td><td></td><td></td><td></td><td></td><td></td><td></td><td></td><td></td></tr>
</table>

图 4-2　账簿启用及交接表

目　　录

序号	户名	序号	户名	序号	户名	序号	户名
1		11		21		31	
2		12		22		32	
3		13		23		33	
4		14		24		34	
5		15		25		35	
6		16		26		36	
7		17		27		37	
8		18		28		38	
9		19		29		39	
10		20		30		40	

图 4-3　账户目录

（四）粘贴印花税票

印花税票应粘贴在账簿的右上角，并且画线注销。在使用缴款缴纳印花税时，应在右上角注明“印花税已缴”及缴款金额。

粘贴时，营业账簿分为记载资金账簿（主要指总账）和其他营业账簿。凡是记载资金账簿，主要指按照“实收资本”和“资本公积”的账簿，依照2023年最新政策按0.25‰的税率贴花，启用资金账簿新账时，按照“实收资本”和“资本公积”增加金额贴花，资金未增加的，不再贴花，贴印花税票，须在账簿首页右上角粘贴，不准粘贴在账夹上。其他营业账簿依照2023年最新税费政策免交印花税。

六、账簿登记规则

（一）登记及时

略。

（二）内容准确、清楚、完整

略。

（三）正确使用书写墨水

登记账簿一般要用蓝黑或者碳素墨水笔书写，不得使用圆珠笔（银行的复写账簿除外）或者铅笔书写。下列情况可以用红笔书写。

（1）按照红字冲账的记账凭证，冲销错误记录。

（2）在不设借贷等栏的多栏式账页中，登记减少数。

（3）在三栏式账户的余额栏前，如未印明余额方向的，在余额栏内登记负数余额。

（4）采用红笔画线注销或画线结账。

（5）根据国家统一会计制度的规定可以用红字登记的其他会计记录。

（四）文字、数字书写时不占满格，紧靠本行底线，一般应占格距的二分之一

略。

（五）顺序、连续登记

在登记各种会计账簿时，应按顺序进行连续登记，不得隔页、跳行。如果不慎发生隔页、跳行，应将空页、空行用红笔画线注销，或者注明“此行空白”“此页空白”字样，并由记账人员签名或盖章。

（六）结出余额

凡需要结出余额的账户，结出余额后，应当在“借或贷”栏内写明“借”或“贷”等字样。没有余额的账户，应当在“借或贷”栏内写“平”字，并在余额栏内的“元”位上用

“ø”表示。

（七）过次承前

过次承前如表 4-1 所示。

表 4-1　过次承前

应收账款　　单位：元

2024 年		凭证号数	摘要	借方	贷方	借或贷	余额
月	日						
4	1		期初余额			借	34 000
			略				
		…	……	…	…		…
4	12		过次页	10 000	8 000	借	36 000

应收账款　　单位：元

2024 年		凭证号数	摘要	借方	贷方	借或贷	余额
月	日						
4	12		承前页	10 000	8 000	借	36 000
		…	……	…	…		…

（八）按规定更正错账

账簿记录发生错误，不准涂改、挖补、刮擦或者用药水消除字迹，不准重新抄写，必须按照规定的手续和方法进行更正。

任务实施

★案例资料

东盛公司财务主管小张在对公司财务进行审核时发现，财务人员小敏为了详细反映原材料的收入和支出的数量明细，在登记原材料总账和明细账时，均采用数量金额式的活页式账簿。小张随即对小敏进行批评教育，并针对类似情况给全体财务人员进行了业务知识培训。

请结合账簿的种类和登记规则，分析财务人员的做法是否正确，并说明理由。

★问题解析

小敏的做法是错误的。账簿的设置，要根据各个企业规模的大小、经济业务的繁简和管理的实际需要而定。一般一个企业至少应设置四种账簿，包括库存现金日记账、银行存款日记账、总分类账、明细分类账。总分类账和日记账通常使用订本式账簿，采用设有“借方”“贷方”“余额”三栏式结构的账页。明细分类账通常使用活页式账簿，采用三栏式、数量金额式、多栏式、横线登记式账页格式。因此，本案例中，原材料总账应使用三栏式的订本式账簿，明细账应采用数量金额式的活页式账簿。

职业能力训练

1. 判断题（下列答案中正确的打“√”，错误的打“×”）

（1）账簿中书写的文字和数字上面要留有适当的空白，不要写满格，一般沿空格下线书写，字体只占空格的1/2~2/3。（　　）

（2）记账时必须使用蓝黑墨水或碳素墨水书写，也可以使用铅笔或圆珠笔登账。（　　）

（3）在账簿记录中出现红字也是有可能的。（　　）

2. 选择题（下列答案中有一项或者多项是正确的）

（1）关于需要结计本年累计发生额的账户，结计“过次页”的本页合计数，下列说法中正确的是（　　）。

A. 自年初起至本日止累计数　　B. 自年初起至本页末止累计数

C. 自月初至本页末止累计数　　D. 自本页初至本页末止累计数

（2）设置和登记账簿在会计核算中的作用有（　　）。

A. 分类和汇总会计信息　　B. 检查和校正会计信息

C. 编报和输出会计信息　　D. 记载和储存会计信息

（3）下列各项中，构成会计账簿的有（　　）。

A. 封面　　B. 扉页　　C. 账页　　D. 解说

任务二　设置与登记现金、银行存款日记账

任务目标

通过登记现金和银行存款日记账，可以详细了解企业现金和银行存款的收支和结存情况，可以及时发现现金、银行存款收支工作中存在的问题和可能出现的差错。学习时，我们要熟练掌握现金日记账、银行存款日记账的设置，并且能够熟练进行登记。

知识精讲

一、建立日记账

在我国，大多数企业一般只设库存现金日记账和银行存款日记账。

（一）库存现金日记账

1. 库存现金日记账的设置

库存现金日记账是用来核算和监督库存现金的收入、支出和结余情况的账簿。现金日记账通常使用订本式账簿，采用设有“借方（或收入）”“贷方（或支出）”“余额（或结余）”三栏式结构的账页。

登记现金日记账

2. 现金日记账的登记方法

每日，由出纳人员依据审核无误的有关现金的收款凭证、付款凭证，以及从银行提取现金的银行存款付款凭证逐笔登记现金日记账，并结算出余额，每日终了应将余额数与库存现金进行核对，以此检查账实是否相符，做到日清日结。现金日记账如表 4-2 所示。

表 4-2　现金日记账

年		凭证字号	摘要	借方								贷方								借或贷	余额							
月	日			十	万	千	百	十	元	角	分	十	万	千	百	十	元	角	分		十	万	千	百	十	元	角	分

（二）银行存款日记账

1. 银行存款日记账的设置

银行存款日记账是用来核算和监督银行存款每天的收入、支出和结余情况的账簿。银行存款日记账通常使用订本式账簿，采用设有“借方（或收入）”“贷方（或支出）”“余额（或结余）”三栏式结构的账页。

2. 银行存款日记账的登记方法

银行存款日记账由出纳人员依据审核无误的有关银行存款的收款凭证、付款凭证，以及把现金存入银行的现金付款凭证逐日逐笔登记，并结出余额，期末应将本单位的银行存款日记账与开户银行转来的对账单进行逐笔核对，以检查企业银行存款日记账的记录是否正确。

银行存款日记账如表 4–3 所示。

表 4–3　银行存款日记账

年		凭证		摘 要	对方科目	借方								贷方								余额							
月	日	字	号			十	万	千	百	十	元	角	分	十	万	千	百	十	元	角	分	十	万	千	百	十	元	角	分

任务实施

★案例资料

2023 年 12 月末，市级财政部门在对东盛公司进行财务工作检查中发现，该公司库存现金日记账和银行存款日记账在登记时，均采用圆珠笔登记，且有跳行、隔页现象。于是，市财政部门依法对东盛公司进行相应处理。

请结合账簿的登记规则，分析该公司的做法错在哪里，并说明理由。

★问题解析

《会计法》要求，会计账簿在进行登记时，要做到登记及时；内容准确、清楚、完整；正确使用书写墨水；文字、数字书写时不占满格，紧靠本行底线，一般应占格距的二分之一；顺序、连续登记；结出余额；过次承前；按规定更正错账。登记时，一般要用蓝黑或者碳素墨水笔书写，不得使用圆珠笔（银行的复写账簿除外）或者铅笔书写。并且，应按顺序进行连续登记，不得隔页、跳行。如果不慎发生隔页、跳行，应将空页、空行用红线画线注销，或者注明“此行空白”“此页空白”字样，并由记账人员签名或盖章。

职业能力训练

1. 判断题（下列答案中正确的打“√”，错误的打“×”）

（1）现金日记账采用三栏式结构的订本式账簿。（　　）

（2）出纳逐笔登记现金日记账并结算出余额，不用每日与库存现金核对。（　　）

（3）银行存款日记账由出纳人员依据审核无误的有关银行存款的收款凭证、付款凭证，以及把现金存入银行的现金付款凭证逐日逐笔登记，并结出余额。（　　）

2. 选择题（下列答案中有一项或者多项是正确的）

（1）现金日记账是根据（　　）逐日逐笔登记的。

A. 库存现金收、付款凭证　　B. 转账凭证

C. 银行存款收款凭证　　D. 银行对账单

（2）关于银行存款日记账的具体登记方法，表述正确的是（　　）。

A. 日期栏：系指记账凭证的日期

B. 凭证栏：系指银行存款实际收付的金额

C. 对方科目：系指银行存款收入的来源科目或支出的用途科目

D. 摘要栏：摘要说明登记入账的经济业务的内容

（3）下列关于银行存款日记账的表述正确的有（　　）。

A. 出纳人员登记　　B. 逐日逐笔登记　　C. 逐日结出余额　　D. 使用订本式账簿

3. 任务实训

（1）口述现金日记账、银行存款日记账登记方法。

（2）由 3~5 人组建一支观摩小分队，到邻近企业财务室了解月末银行存款账实核对过程。

任务三　设置与登记分类账

分类账可以分别反映和监督各项资产、负债、所有者权益、收入、费用和利润的增减变动情况及其结果。分类账提供的核算信息是编制会计报表的主要依据。学习时，我们要熟练掌握总分类账、明细分类账的设置，并且能够熟练进行登记。

一、建立总分类账

（一）总分类账的设置

登记总分类账

一切独立核算的企业必须设置总分类账，而且应以财政部颁布的企业会计科目为依据。总分类账简称总账，是根据总分类账户进行分类登记的账簿，提供总括的核算资料。总分类账通常使用订本式账簿，采用设有“借方”“贷方”“余额”三栏式结构的账页。

（二）总分类账的登记方法

总分类账由会计人员依据记账凭证逐日逐笔登记，也可以定期将有关的记账凭证进行归类汇总，编制成“记账凭证汇总表（科目汇总表）”，然后根据记账凭证汇总表在总账中进行登记。这取决于企业所采用的会计核算程序。总分类账各栏所登记的内容应与记账凭证或记账凭证汇总表内各项目记载内容相符，并及时结出余额。应收账款总账如表 4-4 所示。

表 4-4 应收账款总账

年		凭证		摘要	借方									贷方									借或贷	余额								
月	日	字	号		百	十	万	千	百	十	元	角	分	百	十	万	千	百	十	元	角	分		百	十	万	千	百	十	元	角	分

二、建立明细分类账

（一）明细分类账的设置

明细分类账简称明细账，是根据明细分类账户进行分类登记的账簿，详细地记载经济业务的具体内容，提供详细、具体的核算资料，对总账起着补充说明的作用。

明细分类账通常使用活页式账簿（固定资产、周转材料等明细账，也可使用卡片式账簿），明细分类账的账页格式可采用三栏式、多栏式、数量金额式、横线登记式等。

明细分类账应由会计人员依据审核无误的记账凭证及所附的原始凭证汇总表逐日逐笔进行登记，或者定期汇总登记。

（二）明细分类账的登记方法

1. 三栏式明细分类账

三栏式明细分类账的格式与总分类账的格式相同，也采用设有“借方”“贷方”“余额”三栏式结构的账页。三栏式明细分类账适用于只需要进行金额核算，不需要进行数量核算的账户，如“应收账款”“应付账款”“短期借款”“实收资本”等账户的明细核算。应付账款明细账如表 4-5 所示。

表 4-5　应付账款明细账

明细科目：

年		凭证字号	摘要	借方									贷方									借或贷	余额								
月	日			百	十	万	千	百	十	元	角	分	百	十	万	千	百	十	元	角	分		百	十	万	千	百	十	元	角	分

2. 多栏式明细分类账

多栏式明细分类账，一般在“借方”或“贷方”栏下设立若干专栏（借方多栏式、贷方多栏式），也可在“借方”“贷方”双方栏下分别设立若干栏（借贷方多栏式），以便具体、详细地记录和反映某项目的增减变动情况。多栏式明细分类账适用于成本、费用、利润等账户的明细分类账核算，如“生产成本”“管理费用”“主营业务收入”“本年利润”等账户的明细核算。管理费用明细账如表 4-6 所示。

表 4-6　管理费用明细账

年		凭证字号	摘要	借方	贷方	借或贷	余额	（借）方金额分析		
月	日							办公费	差旅费	……

3. 数量金额式明细分类账

登记数量金额式明细账

数量金额式明细分类账是在“借方”“贷方”“余额”三栏下，再设数量、单价、金额三个小栏。这种格式适用于既需要进行金额核算，又需要进行数量核算的账户，如“原材料”“库存商品”等账户的明细核算。原材料明细账如表 4-7 所示。

表 4-7 原材料明细账

名称： 规格：计量单位： 存储地点： 最低存量： 最高存量：

年		凭证字号	摘要	借方			贷方			结存		
月	日			数量	单价	金额	数量	单价	金额	数量	单价	金额

4. 横线登记式明细分类账

横线登记式明细分类账是在同一账页的同一行分设若干栏，详细地记载一项经济业务从发生到结束的有关内容。这种格式适用于需要逐笔控制进程的业务，如“其他应收款”“在途物资”等账户的明细核算。在途物资明细账如表 4-8 所示。

表 4-8 在途物资明细账

明细科目：

年		凭证号数	供应单位	摘 要	借方			年		凭证号数	摘要	贷方
月	日				买价	其他	合计	月	日			

知识拓展

备查账簿，又称辅助账簿，是对某些在序时账簿、分类账簿中未记载的经济事项进行补充登记的账簿。为某些经济业务的内容提供必要的、详细的参考资料，如“租入固定资产登记簿”“受托加工材料登记簿”“应收票据备查簿”等。备查账簿没有统一格式，可以根据管理的需要和具体的业务内容自行设计。

任务实施

★案例资料

东盛公司新入职一名会计人员小李，他在开设明细账时，为了统一，把所有的明细账均开设为三栏式账页。作为财务主管的小张，在月末进行审核时，发现了这个问题。于是，把所有财务人员召集起来，就此类问题，进行了业务培训，并让小张进行了深刻检查。

请结合会计账簿设置的要求，分析会计小李的做法错在哪里，并说明理由。

★问题解析

《会计法》要求，一切独立核算的企业必须设置账簿。总分类账是根据总分类账户进行分类登记的账簿，提供总括的核算资料。通常使用订本式账簿，采用设有“借方”“贷方”“余额”三栏式结构的账页。明细分类账是根据明细分类账户进行分类登记的账簿，详细地记载经济业务的具体内容，提供详细、具体的核算资料，对总账起着补充说明的作用。通常使用活页式账簿，账页格式可采用三栏式、多栏式、数量金额式、横线登记式等。三栏式明细分类账适用于只需要进行金额核算，不需要进行数量核算的账户；多栏式明细分类账适用于成本、费用、利润等账户的明细分类账核算；数量金额式明细分类账适用于既需要进行金额核算，又需要进行数量核算的账户；横线登记式明细分类账适用于需要进行逐笔对应反映的某些经济业务。

职业能力训练

1. 判断题（下列答案中正确的打“√”，错误的打“×”）

（1）登记账簿的唯一依据是审核无误的记账凭证。（　　）

（2）三栏式明细分类账是设有数量、单价和金额三个栏目，用以分类核算各项经济业务，提供详细核算资料的账簿。（　　）

（3）多栏式明细分类账适用于成本、费用、利润等账户的明细分类账核算。（　　）

2. 选择题（下列答案中有一项或者多项是正确的）

（1）原材料、库存商品、产成品等明细账一般采用（　　）账簿。

A. 数量金额式　　B. 三栏式

C. 横线登记式　　D. 两栏式

（2）不能作为登记总分类账依据的是（　　）。

A. 记账凭证　　B. 记账凭证汇总表

C. 汇总原始凭证　　D. 科目汇总表

（3）登记明细分类账的依据可以是（　　）。

A. 原始凭证　　B. 汇总原始凭证

C. 记账凭证　　D. 经济合同

任务四　对账和结账

在企业管理中，对账和结账是一项重要的工作，可以提示有关账目的性质、状况，从而加强会计核算和控制，同时也能有效地保障财产安全。学习时，我们要熟练掌握对账和结账的方法。

一、对账

（一）对账的定义

对账是指企业、行政事业单位定期对会计账簿记录的有关数字与相关的会计凭证、库存实物、货币资金、有价证券、往来单位或者个人款项等进行相互核对，以保证账证相符、账账相符、账实相符。

（二）对账的内容

1. 账证核对

账证核对就是各种账簿与有关会计凭证相核对。核对账簿记录与原始凭证、记账凭证的时间、凭证字号、内容、金额是否一致，记账方向是否相符。如果发现有不相符之处，应当及时查明原因，并按照规定予以更正。

2. 账账核对

账账核对就是各种账簿之间的核对。

（1）总分类账簿有关账户的记录核对。

（2）总分类账簿与其所属的明细分类账簿核对。

（3）总分类账簿与日记账核对。

（4）财产物资明细账与相应的财产物资保管部门或使用部门的明细账核对。

3. 账实核对

账实核对就是各种财产物资的账面余额与实存数核对。

（1）现金日记账账面余额与库存现金实际结存数核对。

（2）银行存款日记账账面余额与银行对账单核对。

（3）各种财产物资明细账账面余额与财产物资实存数额核对。

（4）各种应收、应付款项的明细账账面余额与有关债权、债务单位或个人核对。

二、结账

（一）结账的定义

结账就是把本期内所发生的经济业务全部登记入账后，于期末结出本期发生额合计数及余额。

（二）结账的方法

（1）需要结出本月发生额合计数时，应在最后一笔业务发生额下面画通栏单红线，在其下行摘要栏盖“本月合计”戳记，在金额栏结出借、贷方发生额合计数和余额，并在下面画通栏单红线。

（2）需要结出本年累计发生额时，在“本月合计”下行摘要栏盖“本年累计”戳记，在金额栏填列本年度发生额累计数，并在下面画通栏单红线。

（3）12月末的“本年累计”即为全年的累计数，下面应画通栏双红线。

（4）年度终了，各账户有余额时需结转下年，则在双红线下行摘要栏盖“结转下年”戳记，在余额栏填列结转数，“借或贷”栏按“本年累计”行余额的“借或贷”方向填列。

任务实施

★案例资料

盛华公司现金日记账、“应付账款——立华公司”明细账、“原材料——B材料”明细账、“制造费用”明细账、“银行存款”总分类账如表4-9～表4-13所示。

表4-9 现金日记账

2024年		凭证		摘要	对方科目	借方								贷方								余额							
月	日	字	号			十	万	千	百	十	元	角	分	十	万	千	百	十	元	角	分	十	万	千	百	十	元	角	分
4	1			期初余额																					9	0	0	0	0
4	5	银付	1	提取现金	银行存款		5	0	0	0	0	0	0										5	0	9	0	0	0	0
4	5	现付	1	发放工资	应付职工薪酬										5	0	0	0	0	0	0				9	0	0	0	0

续表

2024 年		凭证		摘要	对方科目	借方								贷方								余额							
月	日	字	号			十	万	千	百	十	元	角	分	十	万	千	百	十	元	角	分	十	万	千	百	十	元	角	分
4	18	现付	2	支付办公费	管理费用												2	0	0	0	0				7	0	0	0	0

表 4-10　应付账款明细账

明细科目：立华公司

2024 年		凭证		摘要	借方									贷方									借或贷	余额								
月	日	字	号		百	十	万	千	百	十	元	角	分	百	十	万	千	百	十	元	角	分		百	十	万	千	百	十	元	角	分
4	1			期初余额																			贷			1	1	3	0	0	0	0
4	12	银付	3	偿还货款			1	1	3	0	0	0	0										平							ø		

表 4-11　原材料明细账

名称：B 材料　　规格：计量单位：千克　　金额单位：元　　存储地点：最低存量：　　高存量：

2024 年		凭证字号	摘要	借方			贷方			结存		
月	日			数量	单价	金额	数量	单价	金额	数量	单价	金额
4	1		期初余额							4 000	4	16 000
4	2	转 1	生产领料				2 000	4	8 000	2 000	4	8 000
4	8	银付 2	购买材料	1 000	4	4 000				3 000	4	12 000
4	20	转 2	领料				50	4	200	2 950	4	11 800

表 4-12 制造费用明细账

单位：元

2024 年		凭证字号	摘要	借方	贷方	借或贷	余额	（借）方金额分析			
月	日							材料费	工资	折旧费	……
4	20	转 2	领料	200		借	200	200			
4	30	转 3	分配工资	8 000		借	8 200		8 000		
4	30	转 4	计提折旧	1 400		借	9 600			1 400	
4	30	转 5	结转制造费用		9 600	平	ø				

表 4-13 总分类账

账户名称：银行存款

2024 年		凭证		摘要	借方									贷方									借或贷	余额								
月	日	字	号		百	十	万	千	百	十	元	角	分	百	十	万	千	百	十	元	角	分		百	十	万	千	百	十	元	角	分
4	1			期初余额																			借		1	2	5	9	0	0	0	0
4	5	银付	1	提取现金												5	0	0	0	0	0	0	借			7	5	9	0	0	0	0
4	8	银付	2	购买材料													4	5	2	0	0	0	借			7	1	3	8	0	0	0
4	12	银付	3	偿还货款												1	1	3	0	0	0	0	借			6	0	0	8	0	0	0

★技能考核

【考核要求】

请对盛华公司现金日记账、“应付账款——立华公司”明细账、“原材料——B 材料”明细账、“制造费用”明细账、“银行存款”总分类账做本月合计。

★问题解析

本部分具体如表 4-14～表 4-18 所示。

表 4-14　现金日记账

2024年		凭证		摘要	对方科目	借方								贷方								余额							
月	日	字	号			十	万	千	百	十	元	角	分	十	万	千	百	十	元	角	分	十	万	千	百	十	元	角	分
4	1			期初余额																					9	0	0	0	0
4	5	银付	1	提取现金	银行存款		5	0	0	0	0	0	0										5	0	9	0	0	0	0
4	5	现付	1	发放工资	应付职工薪酬										5	0	0	0	0	0	0				9	0	0	0	0
4	18	现付	2	支付办公费	管理费用												2	0	0	0	0				7	0	0	0	0
4	30			本月合计			5	0	0	0	0	0	0		5	0	2	0	0	0	0				7	0	0	0	0

表 4-15　应付账款明细账

明细科目：立华公司

2024年		凭证		摘要	借方									贷方									借或贷	余额								
月	日	字	号		百	十	万	千	百	十	元	角	分	百	十	万	千	百	十	元	角	分		百	十	万	千	百	十	元	角	分
4	1			期初余额																			贷			1	1	3	0	0	0	0
4	12	银付	3	偿还货款			1	1	3	0	0	0	0										平							ø		
4	30			本月合计			1	1	3	0	0	0	0										平							ø		

表 4-16　原材料明细账

名称：B 材料　规格：　计量单位：千克　金额单位：元　存储地点：　最低存量：　最高存量：

2024年		凭证字号	摘要	借方			贷方			结存		
月	日			数量	单价	金额	数量	单价	金额	数量	单价	金额
4	1		期初余额							4 000	4	16 000
4	2	转 1	生产领料				2 000	4	8 000	2 000	4	8 000
4	8	银付 2	购买材料	1 000	4	4 000				3 000	4	12 000
4	20	转 2	领料				50	4	200	2 950	4	11 800
4	30		本月合计	1 000	4	4 000	2 050	4	8 200	2 950	4	11 800

表 4-17　制造费用明细账　　单位：元

2024 年		凭证字号	摘要	借方	贷方	借或贷	余额	（借）方金额分析			
月	日							材料费	工资	折旧费	……
4	20	转 2	领料	200		借	200	200			
4	30	转 3	分配工资	8 000		借	8 200		8 000		
4	30	转 4	计提折旧	1 400		借	9 600			1 400	
4	30	转 5	结转制造费用		9 600	平	ø				
4	30		本月合计	9 600	9 600	平	ø	200	8 000	1 400	

表 4-18　总分类账

账户名称：银行存款

2024 年		凭证		摘要	借方									贷方									借或贷	余额								
月	日	字	号		百	十	万	千	百	十	元	角	分	百	十	万	千	百	十	元	角	分		百	十	万	千	百	十	元	角	分
4	1			期初余额																			借		1	2	5	9	0	0	0	0
4	5	银付	1	提取现金												5	0	0	0	0	0	0	借			7	5	9	0	0	0	0
4	8	银付	2	购买材料													4	5	2	0	0	0	借			7	1	3	8	0	0	0
4	12	银付	3	偿还货款												1	1	3	0	0	0	0	借			6	0	0	8	0	0	0
4	30			本月合计												6	5	8	2	0	0	0	借			6	0	0	8	0	0	0

职业能力训练

1. 判断题（下列答案中正确的打“√”，错误的打“×”）

（1）对账的意义在于能够保证账簿记录的准确无误和编制会计报表数字的真实可靠。（　　）

（2）结账就是结算，登记每个账户期末余额的工作。（　　）

（3）年度结账时，“本年累计”行下画一道红线。（　　）

2. 选择题（下列答案中有一项或者多项是正确的）

（1）原材料明细账应与相关记账凭证或原始凭证相核对属于（　　）。

A. 账证核对　　B. 账账核对　　C. 账实核对　　D. 余额核对

（2）对账的主要内容有（　　）。

A. 账表核对　　B. 账账核对　　C. 账证核对　　D. 账实核对

（3）下列关于结账的说法中，正确的有（　　）。

A. 结账具体包括月结、季结和年结

B. 结账前应将本期发生的经济业务事项全部登记入账，保证其正确

C. 每个月末结账时，只需要在最后一笔经济业务事项记录之下通栏画单红线

D. 对不需要按月结计本期发生额的账户，每次记账后，都要随时结出余额，每月最后一笔余额为月末余额

任务五　掌握错账的更正方法

在记账过程中，可能发生各种各样的差错，从而影响会计信息的准确性，应及时找出差错，并予以更正。学习时，我们要熟练掌握错账更正方法，能熟练运用画线更正法、红字冲销法和补充登记法进行错账更正。

正确选择错账更正法

错账更正的方法一般包括三种：画线更正法、红字冲销法、补充登记法。实现会计信息化后，错账更正方法只有红字冲销法。使用智能化财务软件输入和处理会计数据，能够大大减少会计人员在手工做账过程中出现的错误。

一、画线更正法

（一）适用范围

在结账前，发现记账凭证填制无误而账簿记录由于会计人员不慎出现笔误或计算失误，造成账上文字或数字错误。

（二）更正步骤

第一步：在错误的文字或全部数字正中画一条红线，注销错误内容。

第二步：将正确的文字或数字用蓝、黑色墨水笔书写在被注销的文字或数字上端的空白处。

第三步：记账人员在更正处签章。

二、红字冲销法

（一）适用范围

红字冲销法

第一种情况：在记账后，发现原记账凭证上会计科目名称写错或应借应贷的方向记错，已经根据错误的记账凭证登记入账，造成账簿记录错误。

第二种情况：发现原记账凭证上所记载的金额大于经济业务的实际金额，已经根据错误的记账凭证登记入账，造成账簿记录中金额错误。

（二）更正步骤

第一步：用红字填写一张与原错误的记账凭证内容相同的记账凭证，在凭证的“摘要”栏注明“注销×年×月×日×号凭证”，并据以登记入账，目的是冲销错误记录。

第二步：用蓝字重新填写一张内容正确的记账凭证，在“摘要”栏注明“订正×年×月×日×号凭证”，并据以登记入账，目的是将正确的经济业务记录下来。

说明：如果是第二种情况，既可以按上述步骤更正，也可以采用简捷方法进行更正。具体做法是：用红字按照多记金额，填写一张与原记账凭证内容相同的记账凭证，在“摘要”栏注明“冲销×年×月×日×号凭证多记金额”，并据以登记入账，目的是冲销多记金额。

三、补充登记法

（一）适用范围

在记账后，发现记账凭证中使用的会计科目和应借、应贷方向没有错误，只是所记载的金额小于经济业务的实际金额，已经根据错误的记账凭证登记入账，造成账簿记录错误。

（二）更正步骤

用蓝字按照少记金额，填写一张与原记账凭证内容相同的记账凭证，在“摘要”栏注明“补充×年×月×日×号凭证少记金额”，并据以登记入账，目的是补充登记少记金额。

任务实施

★案例资料

财贸公司 2024 年 4 月发生了如下错账：

1. 2 日，根据现付字第 1 号记账凭证登记现金日记账时，把贷方金额 30 元误记为 3 元，如表 4-19 所示。

表 4-19　现金日记账

2024 年		凭证字号	摘要	借方								贷方								借或贷	余额							
月	日			十	万	千	百	十	元	角	分	十	万	千	百	十	元	角	分		十	万	千	百	十	元	角	分
4	1		期初余额																	借			1	0	0	0	0	0
4	2	现付 1	购办公用品														3	0	0	借				9	9	7	0	0

2. 10 日，发现 8 日错账，根据王梅预借差旅费（库存现金）200 元的业务所填现付字第 2 号记账凭证中，把应借科目“其他应收款”误写为“管理费用”，并已记入现金日记账和管理费用明细账，如表 4-20 所示。（注：现金日记账的内容略）

表 4-20　管理费用明细账

2024 年		凭证字号	摘要	借方	贷方	借或贷	余额	（借）方金额分析		
月	日							办公费	差旅费	……
4	2	现付 1	购办公用品	30		借	30	30		
4	8	现付 2	王梅预借差旅费	200		借	230		200	

3. 15 日，发现 12 日错账，收到泰山设备厂归还账款（银行存款）业务所填银收字第 2 号记账凭证中，金额 5 300 元误写为 3 500 元，并已记入银行存款日记账和“应收账款——泰山设备厂”明细账，如表 4-21、表 4-22 所示。

表 4-21　银行存款日记账

2024 年		凭证		摘要	对方科目	借方								贷方								余额							
月	日	字	号			十	万	千	百	十	元	角	分	十	万	千	百	十	元	角	分	十	万	千	百	十	元	角	分
4	1			期初余额																			2	0	0	0	0	0	0
4	4	银收	1	收回账款	应收账款			8	0	0	0	0	0										2	8	0	0	0	0	0
4	12	银收	2	收回账款	应收账款			3	5	0	0	0	0										3	1	5	0	0	0	0

表 4-22　应收账款明细账

明细科目：泰山设备厂

年		凭证字号	摘要	借方									贷方									借或贷	余额								
月	日			百	十	万	千	百	十	元	角	分	百	十	万	千	百	十	元	角	分		百	十	万	千	百	十	元	角	分
4	1		期初余额																			借				8	0	0	0	0	0
4	12	银收2	收回账款													3	5	0	0	0	0	借				4	5	0	0	0	0

要求：请按正确的方法更正错账。

★技能考核

【考核要求】请按正确的方法对上述错账予以更正。

★问题解析

1. 根据资料1，采用画线更正法更正错账，如表4-23所示。

表 4-23　现金日记账

2024年		凭证字号	摘要	借方								贷方								借或贷	余额							
月	日			十	万	千	百	十	元	角	分	十	万	千	百	十	元	角	分		十	万	千	百	十	元	角	分
4	1		期初余额																	借			1	0	0	0	0	0
4	2	现付1	购办公用品											李丽		3	0 ~~3~~	0 ~~0~~	0 ~~0~~	借 李丽				9 ~~9~~	7 ~~9~~	0 ~~7~~	0 ~~0~~	0 ~~0~~

2. 根据资料2，采用红字冲销法更正错账。（更正“管理费用”明细账、“其他应收款——王梅”明细账，现金日记账的更正略），如表4-24~表4-27所示。

说明：此时记账凭证已经编到“现付字第5号”。

表 4-24　付款凭证

摘要	借方科目		金额								记账符号
	总账科目	明细科目	十	万	千	百	十	元	角	分	
注销4月8日现付字第	管理费用	差旅费				2	0	0	0	0	√
2号凭证											
合　　计					¥	2	0	0	0	0	√

附凭证　张

会计主管：李梅　　记账：王杰　　出纳：陈红　　复核：林英　　制单：宁静

表 4-25　管理费用明细账

单位：元

年		凭证字号	摘要	借方	贷方	借或贷	余额	（借）方金额分析		
月	日							办公费	差旅费	……
4	2	现付 1	购办公用品	30		借	30	30		
4	8	现付 2	王梅预借差旅费	200		借	230		200	
4	10	现付 6	注销 4 月 8 日现付 2 号凭证	200		借	30		200	

表 4-26　付款凭证

贷方科目：库存现金　　　　2024 年 4 月 10 日　　　　现付字第 7 号

摘要	借方科目		金额								记账符号
	总账科目	明细科目	十	万	千	百	十	元	角	分	
订正 4 月 8 日现付字第	其他应收款	王梅				2	0	0	0	0	√
2 号凭证											
合　　计					¥	2	0	0	0	0	√

附凭证　张

会计主管：李梅　　记账：王杰　　出纳：陈红　　复核：林英　　制单：宁静

表 4-27　其他应收款明细账

明细科目：王梅

2024 年		凭证		摘要	借方									贷方									借或贷	余额								
月	日	字	号		百	十	万	千	百	十	元	角	分	百	十	万	千	百	十	元	角	分		百	十	万	千	百	十	元	角	分
4	10	现付	7	订正 4 月 8 日现付 2 号凭证					2	0	0	0	0										借					2	0	0	0	0

3. 根据资料 3，采用补充登记法更正错账。（更正银行存款日记账、“应收账款——泰山设备厂”明细账），如表 4-28～表 4-30 所示。

说明：此时记账凭证已经编到“银收字第 2 号”。

表 4-28　收款凭证

借方科目：银行存款　　　　2024 年 4 月 15 日　　　　银收字第 3 号

摘要	贷方科目		金额								记账符号
	总账科目	明细科目	十	万	千	百	十	元	角	分	
补充 4 月 12 日银收	应收账款	泰山设备厂			1	8	0	0	0	0	√
字 2 号凭证少记金额											
合　　计				¥	1	8	0	0	0	0	√

附凭证　张

会计主管：李梅　　记账：王杰　　出纳：陈红　　复核：林英　　制单：宁静

表 4-29　银行存款日记账

2024 年		凭证		摘要	对方科目	借方								贷方								余额							
月	日	字	号			十	万	千	百	十	元	角	分	十	万	千	百	十	元	角	分	十	万	千	百	十	元	角	分
4	1			期初余额																			2	0	0	0	0	0	0
4	4	银收	1	收回账款	应收账款			8	0	0	0	0	0										2	8	0	0	0	0	0
4	12	银收	2	收回账款	应收账款			3	5	0	0	0	0										3	1	5	0	0	0	0
4	15	银收	3	补充 4 月 12 日银收 2 号凭证少记金额	应收账款			1	8	0	0	0	0										3	3	3	0	0	0	0

表 4-30　应收账款明细账

明细科目：泰山设备厂

2024 年		凭证字号	摘要	借方									贷方									借或贷	余额								
月	日			百	十	万	千	百	十	元	角	分	百	十	万	千	百	十	元	角	分		百	十	万	千	百	十	元	角	分
4	1		期初余额																			借				8	0	0	0	0	0
4	12	银收 2	收回账款													3	5	0	0	0	0	借				4	5	0	0	0	0
4	15	银收 3	补充 4 月 12 日银收 2 号凭证少记金额													1	8	0	0	0	0	借				2	7	0	0	0	0

职业能力训练

1. 判断题（下列答案中正确的打“√”，错误的打“×”）

（1）画线更正法，对于错误的文字，只需要更正其中的错误文字。（　　）

（2）画线更正法，对于错误的数字，只需要更正其中的错误数字，不必将全部数字画线更正。（　　）

（3）凭证正确，账簿登记时误将500元写成50元，此时会计人员应该采用红字冲销法进行更正。（　　）

2. 选择题（下列答案中有一项或者多项是正确的）

（1）如果发现记账凭证所用的科目不正确，所填金额大于应填金额，并已登记入账，应采用（　　）来更正。

A. 画线更正法　　B. 平行登记法

C. 红字更正法　　D. 补充登记法

（2）如记账凭证编制无误，但账簿登记有误，此时一般常用的更正错误的方法是（　　）。

A. 画线更正法　　B. 红字更正法

C. 补充登记法　　D. 重新编制

（3）下列错误中，适用于红字更正法更正的有（　　）。

A. 记账凭证无误，账簿登记金额大于应记金额

B. 记账凭证的金额大于应记金额并已登记入账

C. 记账凭证的科目有误并已登记入账

D. 记账凭证的记账方向有误并已登记入账

任务六　更换与保管会计账簿

任务目标

会计账簿是会计工作的重要历史资料，也是重要的经济档案，在经营管理中具有重要作用。因此，每一个企业、单位都应按照国家有关规定，加强对会计账簿的管理，做好账簿的管理工作。学习时，我们要掌握会计账簿的更换与保管的相关规定。

知识精讲

一、会计账簿的更换

会计账簿的更换是指在会计年度终了时，将上年度的账簿更换为次年度的新账簿的工作。在每个会计年度结束，新的会计年度开始时，应按会计制度的规定，更换一次总账、日记账和大部分明细账。只有变动较小的部分明细账，如固定资产明细账或固定资产卡片，可以继续跨年使用。更换账簿时，应将上年度各账户的余额直接记入新年度相应的账簿中，并在旧账簿中各账户年终余额的摘要栏内加盖“结转下年”戳记。同时，在新账簿中相关账户的第一行摘要栏内加盖“上年结转”戳记，并在余额栏内记入上年余额。

二、会计账簿的保管

会计账簿是重要的经济档案。年度终了，各种账户在结转下年、建立新账后，一般要把旧账送交总账会计集中统一管理，保管期限一般为30年。会计账簿暂由本单位财务会计部门保管1年，期满之后，由财务会计部门编造清册移交本单位的档案部门保管。为了保证在需要时可以迅速查阅，以及各种账簿的安全和完整，各种账簿应当按年度分类归档、编造目录，妥善保管。

任务实施

★案例资料

东盛公司新建了一栋办公楼，财务部门也随之搬入新的办公室，作为财务人员的小赵发现会计档案太多了，于是自作主张，将保管期满的会计档案全部销毁。但是在销毁的会计档案中，有一份保管期满但尚在使用的一台机器的原始凭证。小赵看到后，觉得已经期满，不会对公司产生影响。月末，财务主管在审核该项业务寻找原始凭证时，才发现这个问题。

请结合会计档案销毁的相关规定，指出财务人员的错误点，并说明理由。

★问题解析

会计账簿是重要的经济档案。年度终了，各种账户在结转下年、建立新账后，一般要把旧账送交总账会计集中统一管理，保管期限一般为30年。会计账簿暂由本单位财务会计部门保管1年，期满之后，由财务会计部门编造清册移交本单位的档案部门保管。为了保证在需要时可以迅速查阅，以及各种账簿的安全和完整，各种账簿应当按年度分类归档、编造目录，妥善保管。且对于保管期满但尚未结清债权债务的原始凭证和涉及其他未了事项的原始凭证

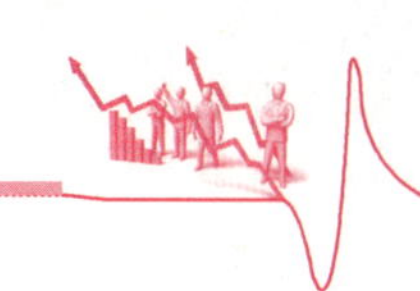

（如会计档案保管期满但尚未报废的固定资产购买凭证等），不得销毁，应当单独抽出立卷，保管到未了事项完结时方可按规定的程序进行销毁。

职业能力训练

1. 判断题（下列答案中正确的打“√”，错误的打“×”）

（1）各种账簿必须按照国家统一规定的保存年限妥善保管，保管期满后也应按照相关程序进行销毁。（　　）

（2）会计账簿可以由会计部门保管1年，之后移交给档案保管机构。（　　）

（3）备查账簿需要每年更换一次。（　　）

2. 选择题（下列答案中有一项或者多项是正确的）

（1）一般来说，总账、日记账和多数明细账应（　　）更换一次。

A. 每月　　B. 每季度　　C. 半年　　D. 每年

（2）关于会计档案保管的说法正确的是（　　）。

A. 会计档案保管期满需要销毁

B. 会计档案都需要永久保管

C. 会计账簿在会计机构保管满5年送交会计档案机构保管

D. 会计账簿的保管期限一般为10年

（3）下列关于会计账簿的更换和保管正确的有（　　）。

A. 总账、日记账和多数明细账每年更换一次

B. 变动较小的明细账可以连续使用，不必每年更换

C. 备查账不可以连续使用

D. 会计账簿由本单位财务会计部门保管半年后，交由本单位档案管理部门保管

任务七　会计账簿综合实务

任务目标

学习时，我们要系统掌握各种账簿的登记方法。

知识精讲

一、日记账的登记方法

（一）现金日记账

账页格式：借方、贷方、余额三栏式结构。

登记方法：由出纳人员按照经济业务发生的时间先后顺序，根据有关现金收款凭证、现金付款凭证和提取现金的银行存款付款凭证，逐日逐笔进行登记。

（二）银行存款日记账

账页格式：借方、贷方、余额三栏式结构。

登记方法：由出纳人员按照经济业务发生的时间先后顺序，根据有关银行存款收款凭证、银行存款付款凭证和将现金存入银行的现金付款凭证，逐日逐笔进行登记。

二、明细分类账的登记方法

根据经济活动的特点及记载反映的需要，明细分类账可采用三栏式账页、数量金额式账页、多栏式账页、横线登记式账页进行登记。

（一）三栏式明细分类账

账页格式：借方、贷方、余额三栏式结构。

适用范围：适用于只需要进行金额核算不需要进行数量核算的账户。

（二）数量金额式明细分类账

账页格式：在“借方”“贷方”“余额”三栏下分设“数量”“单价”“金额”三个小栏目。

适用范围：适用于既需要进行金额核算又需要进行数量核算的账户。

（三）多栏式明细分类账

账页格式：在借方、贷方栏下分设若干专栏。

适用范围：适用于成本、费用、利润等账户的明细分类核算。

（四）横线登记式明细分类账

账页格式：在同一账页的同一行分设若干栏，详细记载一项经济业务从发生到结束的有关内容。

适用范围：适用于需要进行逐笔控制进程的业务。

三、总分类账的登记方法

账页格式：借方、贷方、余额三栏式结构。

登记方法：由会计人员依据记载经济业务的收款凭证、付款凭证、转账凭证及所附的原始凭证逐日逐笔进行登记，也可以按照不同的汇总方法进行汇总登记。

任务实施

★案例资料

1. 2024 年 4 月初账户期初余额如表 4-31 所示

表 4-31　总分类账户及其明细分类账户期初余额表（部分）　　单位：元

账户名称	总　账		明细账	
	借方余额	贷方余额	借方余额	贷方余额
库存现金	900		900	
银行存款	125 900		125 900	
原材料	86 000			
——A 材料			70 000（数量 7 000 千克，单价 10 元）	
——B 材料			16 000（数量 4000 千克，单价 4 元）	
应付账款		11 300		
——立华公司				11 300

2. 2024 年 4 月发生如下经济业务

（1）2 日，生产甲产品领用 A 材料 5 000 千克，单价 10 元，B 材料 2 000 千克，单价 4 元。

（2）5 日，从银行提取现金 50 000 元，准备发放工资。

（3）5 日，用现金发放工资 50 000 元。

（4）8 日，从光明工厂购入 B 材料 1 000 千克，单价 4 元，买价 4 000 元，增值税 520 元，款项用支票支付，材料已验收入库。

（5）12 日，用银行存款归还前欠立华公司购料款 11 300 元。

（6）18 日，用现金支付管理部门办公费 200 元。

（7）20 日，生产甲产品领用 A 材料 1 000 千克，单价 10 元；车间领用 B 材料 50 千克，单价 4 元。

（8）30 日，结算本月应付职工工资 50 000 元，其中：生产甲产品工人工资 30 000 元，车间管理人员工资 8 000 元，企业管理人员工资 12 000 元。

（9）30 日，计提本月固定资产折旧 2 000 元，其中生产车间 1 400 元，管理部门 600 元。

（10）30 日，结转本月制造费用 9 600 元。

3. 根据以上经济业务填制记账凭证，如表 4-32 所示

表 4-32　记账凭证上的摘要、凭证号及科目（代记账凭证）　　单位：元

2024 年		凭证号数	摘 要	会计科目	借方金额	贷方金额
月	日					
4	2	转 1	生产领料	生产成本——甲产品 原材料——A 材料 原材料——B 材料	58 000	 50 000 8 000
4	5	银付 1	提取现金	库存现金 银行存款	50 000	 50 000
4	5	现付 1	发放工资	应付职工薪酬——工资 库存现金	50 000	 50 000
4	8	银付 2	购买材料	原材料——B 材料 应交税费——应交增值税（进项税额） 银行存款	4 000 520	 4 520
4	12	银付 3	偿还前欠购货款	应付账款——立华公司 银行存款	11 300	 11 300
4	18	现付 2	支付办公费	管理费用——办公费 库存现金	200	 200
4	20	转 2	领料	生产成本——甲产品 制造费用——材料费 原材料——A 材料 原材料——B 材料	10 000 200	 10 000 200
4	30	转 3	分配工资费用	生产成本——甲产品 制造费用——工资 管理费用——工资 应付职工薪酬——工资	30 000 8 000 12 000	 50 000
4	30	转 4	计提折旧	制造费用——折旧费 管理费用——折旧费 累计折旧	1 400 600	 2 000
4	30	转 5	结转本月制造费用	生产成本——甲产品 制造费用	9 600	 9 600

★技能考核

【考核要求】根据上述案例资料完成如下任务：

（1）登记现金日记账、“应付账款——立华公司”明细账、“原材料——B 材料”明细账、“银行存款”总账的期初余额，如表 4-33～表 4-36 所示。

（2）根据记账凭证登记现金日记账、“应付账款——立华公司”明细账、“原材料——B 材料”明细账、“制造费用”明细账，如表 4-33～表 4-36 所示。

（3）根据记账凭证登记“银行存款”总分类账，如表 4-37 所示。

★问题解析

登记现金日记账，如表 4-33 所示。

表 4-33　现金日记账

2024 年		凭证		摘要	对方科目	借方								贷方								余额							
月	日	字	号			十	万	千	百	十	元	角	分	十	万	千	百	十	元	角	分	十	万	千	百	十	元	角	分
4	1			期初余额																					9	0	0	0	0
4	5	银付	1	提取现金	银行存款		5	0	0	0	0	0	0										5	0	9	0	0	0	0
4	5	现付	1	发放工资	应付职工薪酬										5	0	0	0	0	0	0				9	0	0	0	0
4	18	现付	2	支付办公费	管理费用												2	0	0	0	0				7	0	0	0	0

登记明细分类账，如表 4-34～表 4-36 所示。

表 4-34　应付账款明细账

明细科目：立华公司

2024 年		凭证		摘要	借方									贷方									借或贷	余额								
月	日	字	号		百	十	万	千	百	十	元	角	分	百	十	万	千	百	十	元	角	分		百	十	万	千	百	十	元	角	分
4	1			期初余额																			贷			1	1	3	0	0	0	0
4	12	银付	3	偿还货款			1	1	3	0	0	0	0										平							ø		

表 4-35 原材料明细账

名称：B 材料　规格：　计量单位：千克　金额单位：元　存储地点：　最低存量：　最高存量：

2024 年		凭证字号	摘要	借方			贷方			结存		
月	日			数量	单价	金额	数量	单价	金额	数量	单价	金额
4	1		期初余额							4 000	4	16 000
4	2	转 1	生产领料				2 000	4	8 000	2 000	4	8 000
4	8	银付 2	购买材料	1 000	4	4 000				3 000	4	12 000
4	20	转 2	领料				50	4	200	2 950	4	11 800

表 4-36 制造费用明细账　　单位：元

2024 年		凭证字号	摘要	借方	贷方	借或贷	余额	（借）方金额分析			
月	日							材料费	工资	折旧费	……
4	20	转 2	领料	200		借	200	200			
4	30	转 3	分配工资	8 000		借	8 200		8 000		
4	30	转 4	计提折旧	1 400		借	9 600			1 400	
4	30	转 5	结转制造费用		9 600	平	ø				

“银行存款”总分类账登记如表 4-37 所示。

表 4-37 总分类账

账户名称：银行存款

2024 年		凭证		摘要	借方									贷方									借或贷	余额								
月	日	字	号		百	十	万	千	百	十	元	角	分	百	十	万	千	百	十	元	角	分		百	十	万	千	百	十	元	角	分
4	1			期初余额																			借		1	2	5	9	0	0	0	0
4	5	银付	1	提取现金												5	0	0	0	0	0	0	借			7	5	9	0	0	0	0
4	8	银付	2	购买材料													4	5	2	0	0	0	借			7	1	3	8	0	0	0

续表

2024年		凭证		摘要	借方									贷方									借或贷	余额								
月	日	字	号		百	十	万	千	百	十	元	角	分	百	十	万	千	百	十	元	角	分		百	十	万	千	百	十	元	角	分
4	12	银付	3	偿还货款												1	1	3	0	0	0	0	借			6	0	0	8	0	0	0

职业能力训练

1. 判断题（下列答案中正确的打“√”，错误的打“×”）

（1）企业原材料明细账一般采用数量金额式的格式。（　　）

（2）多栏式明细账一般适用于资产类账户。（　　）

（3）库存现金日记账的账页格式均为三栏式，而且必须使用订本账。（　　）

2. 选择题（下列答案中有一项或者多项是正确的）

（1）多栏式明细账格式一般适用于（　　）。

A. 货币资产类账户　　B. 财产、物资类账户

C. 费用成本类和收入成果类账户　　D. 债权、债务类账户

（2）下列关于账簿形式的表述中，正确的有（　　）。

A. 企业一般只对库存现金明细账的核算采用卡片形式

B. 现金日记账、银行存款日记账应使用订本账形式

C. 各种明细分类账一般采用活页账形式

D. 总分类账一般使用活页账形式

（3）下列账簿中，适合采用三栏式账页格式的有（　　）。

A. 总分类账　　B. 应收账款明细账

C. 日记账　　D. 管理费用明细账

素养课堂

【主题】客观公正，提高技能，依法办事

【背景】

（1）财贸公司会计人员刘某本月即将离职，在与新入职的会计人员赵某办理工作交接手续时，作为会计机构负责人的张某，当时在现场进行了监交。移交工作手续时，发现库存现

金与会计账簿记录存在不一致的情况。等到移交工作结束后，为了明晰责任，赵某欲另开设新账进行会计记录。张某当即表示了否定。

（2）财贸公司会计机构负责人王某某在进行财产清查时，发现会计小马在进行错账更正时的方法有误：有一笔业务，账簿金额“8 000”被误登记为“800”，小马直接在登记错误的数字金额后添加了一个“0”。王某某当即指出其错误，并责令按照正确的方法进行更正。

（3）财贸公司出纳赵某因故离职，新入职出纳人员小刘没有工作经验。财务主管小张在月底对财务工作进行审查时，发现小刘在对银行存款日记账结账时，只在最后一栏后画了一条红线，然后结账结束。小张针对出现的问题，对小刘等会计人员进行了详细的业务知识培训，并对他进行了批评教育。

【提示】

（1）会计人员工作调动或者因故离职，必须将本人所经管的会计工作全部移交给接替人员。没有办清交接手续的，不得调动或者离职。一般会计人员办理交接手续，会计机构负责人（会计主管人员）监交。移交人员在办理移交时，要按移交清册逐项移交；接替人员要逐项核对点收。交接完毕后，交接双方和监交人要在移交清册上签名或者盖章，并应在移交清册上注明：单位名称，交接日期，交接双方和监交人的职务、姓名，移交清册页数以及需要说明的问题和意见等。移交清册一般应当填制一式三份，交接双方各执一份，存档一份。接替人员应当继续使用移交的会计账簿，不得自行另立新账，以保持会计记录的连续性。移交人员对所移交的会计凭证、会计账簿、会计报表和其他有关资料的合法性、真实性承担法律责任。

（2）在记账过程中，可能发生各种各样的差错，从而影响会计信息的准确性，应及时找出差错，并予以更正。常用的方法通常有：画线更正法、红字冲销法和补充登记法。画线更正法适用于会计凭证无错误，而登记账簿时发生错误。红字冲销法适用于：①记账后，发现原记账凭证上会计科目名称写错或应借应贷的方向记错，且根据错误的记账凭证登记入账，造成账簿记录错误。②原记账凭证上科目和方向均无误，但所记载的金额大于经济业务的实际金额，且根据错误的记账凭证登记入账，造成账簿记录中金额错误。补充登记法适用于记账后，发现记账凭证中使用的会计科目，应借、应贷方向没有错误，只是所记载的金额小于经济业务的实际金额，根据错误的记账凭证已经登记入账，造成账簿记录错误。因此，应根据不同的差错，选取正确的更正方法进行更正。

（3）企业管理中结账是一项重要的工作，可以提示有关账目的性质、状况，从而加强会计核算和控制，同时也能有效地保障财产安全。具体操作时，就是把本期内所发生的经济业务全部登记入账后，于期末结计出本期发生额合计数及余额。需要结出本月发生额合计数时，应在最后一笔业务发生额下面画通栏单红线，在其下行摘要栏盖“本月合计”戳记，在金额栏结出借、贷方发生额合计数和余额，并在下面画通栏单红线。需要结出本年累计发生额时，

在“本月合计”下行摘要栏盖“本年累计”戳记，在金额栏填列本年度发生额累计数，并在下面画通栏单红线。12 月末的“本年累计”即为全年的累计数，下面应画通栏双红线。年度终了，各账户有余额需结转下年，则在双红线下行摘要栏盖“结转下年”戳记，在余额栏填列结转数，“借或贷”栏按“本年累计”行余额的“借或贷”方向填列。

【反思】

（1）通过资料 1，结合账簿开立和办理移交手续的相关知识，请分析赵某的做法是否正确，并说明理由。

（2）通过资料 2，结合账簿结账的操作方法，分析出纳小张的结账方法错在哪里，并请你帮助他，按照正确的方法进行结账。

（3）通过资料 3，结合账簿结账的操作方法，分析出纳小张的结账方法错在哪里，并请你帮助他，按照正确的方法进行结账。

项目评价

项目名称	考核内容	分值	考核要求及评分标准	得分
项目四 设置与登记 会计账簿	职业能力训练	10	判断正确并能说明理由	
		10	选择正确并能说明理由	
	实务训练	10	积极参与课前调研和学习	
		20	案例分析思路清晰、解析明确	
		20	领会会计账簿的概念、种类、设置、启用及登记规则	
		20	正确掌握各类会计账簿的登记方法	
	职业素养	5	学习态度严谨，团队协作能力强	
		5	具有良好的职业道德修养	
合计		100	实际总得分	

学生自评	
评价内容	评价等级（★★★、★★、★）
课堂互动积极，愿意和老师互动	
能够自主学习，及时解决问题	
积极参与调研，与小组同伴相处融洽	
能够积极主动地完成课堂任务	
能够总结归纳本节课的知识内容	

项目五

开展财产清查

项目导航

账簿记录的“正确”并不能说明其内容真实可靠，还必须根据财产清查的结果对账簿记录加以核实，并在保证账实相符的基础上编制会计报表。

本项目系统地介绍财产清查的意义、种类、方法以及财产清查结果的账务处理。学习时，应掌握财产清查的一般程序和方法，特别是各项财产物资、货币资金和往来款项的清查方法以及对清查结果进行账务处理。理解未达账项形成的原因以及银行存款余额调节表能否作为记账的依据；理解并掌握“待处理财产损溢”账户的结构、性质和核算。

职业能力目标

1. 掌握财产清查的概念和种类，能正确选择库存现金、银行存款及存货的清查方法。
2. 理解永续盘存制和实地盘存制两种盘存制度。
3. 熟练掌握库存现金的盘点方法，会填制现金盘点报告表；熟练掌握银行存款的核对方法及未达账项的处理，会编制银行存款余额调节表；熟练掌握存货的清查方法，会填写盘存单及账存实存对比表。
4. 熟练进行财产清查结果的账务处理。

职业素养目标

培养学生严谨务实的工作态度、一丝不苟的工作作风；在查找未达账项中体验岗位实践

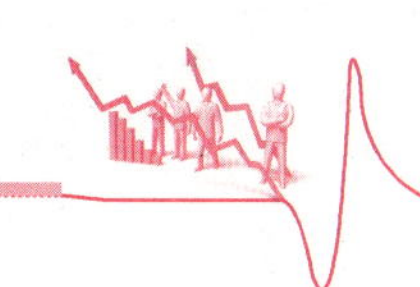

的责任感；具备诚实守信、遵循准则的职业道德；争做企业主人翁，为企业增收节支，做社会主义核心价值观的践行者。

任务一　了解财产清查的意义、种类和方法

任务目标

财产清查就是通过对货币资金、实物资产、往来款项等财产物资进行盘点或核对，来确定实际存量，以此查明账存与实存是否相符。学习时，要分析在实际工作中造成账实不符的原因，认知财产清查的不同种类，理解并确定账面结存数量的方法——财产物资的永续盘存制和实地盘存制。

知识精讲

一、财产清查的概念

财产清查就是通过对货币资金、实物资产和往来款项等财产物资进行实地盘点或账目核对，确定其实际结存数，查明其实际结存数与账面结存数是否相符的一种专门方法。

财产清查概述

在实际工作中，一些主观和客观的原因，如发生自然损溢、计量、计算、检验不准、管理不善或工作人员失职、贪污盗窃、营私舞弊和自然灾害等，会使账簿记录的结存数与各项财产的实存数不相一致，即通常所说的账实不符。因此，为了使会计核算资料如实地反映财产物资的实际结存数，在账证、账账相符的情况下，必须运用财产清查的方法予以核查，做到账实相符。

财产清查的意义主要表现在以下几个方面：

（1）保证账实相符，使会计资料真实可靠。

（2）保护财产物资的安全和完整。

（3）挖掘财产物资的潜力，加速资金周转。

二、财产清查的种类

财产清查的种类很多，可以按不同的标准进行分类，主要分类有以下几种：

（一）按财产清查的范围和对象分类

财产清查按清查的范围和对象划分，可分为全面清查和局部清查，如表5-1所示。

表5-1　按财产清查的范围和对象分类

<table>
<tr><th>种类</th><th>全面清查</th><th>局部清查</th></tr>
<tr><td>定义</td><td>对全部资产和权益进行全部彻底的盘查、核对</td><td>根据经济活动的需要对某一部分资产、权益所进行的清点、核对</td></tr>
<tr><td>特点</td><td>清查范围广泛，涉及内容繁多，需要较长时间，动用大量的人力、物力</td><td>针对性较强</td></tr>
<tr><td rowspan="2">范围</td><td>在年终决算前进行一次</td><td>各种存货，各种贵重物品、货币资金，债权、债务等</td></tr>
<tr><td>在本单位发生撤销、改组、合并、改变隶属关系以及单位主要领导调离工作前等</td><td>有关保管人员调动</td></tr>
</table>

（二）按财产清查的时间分类

财产清查按清查的时间，可分为定期清查和不定期清查，如表5-2所示。

表5-2　按财产清查的时间分类

种类	定期清查	不定期清查
定义	按照预先计划安排好的具体时间，对资产、权益进行的清查	根据实际情况进行随机的、临时性的清查
特点	一般定于月末、季末、年末结账之前进行	不规定具体时间，如果工作需要，可随时进行
范围	采用全面清查或局部清查的方法	发生自然灾害或意外损失时，保管人员调动时，财政税收审计等部门进行突击会计检查时，等等

三、财产清查的方法

（一）财产物资的盘存制度

盘存制度是指通过对实物的盘查、核对，确定财产物资的实际结存情况的一种制度。财产物资的盘存制度有两种，即“永续盘存制”和“实地盘存制”。财产物资的盘存制度如表5-3所示。

表 5-3　财产物资的盘存制度

种类	永续盘存制	实地盘存制
定义	永续盘存制又称账面盘存制，是指在日常经济活动中，必须根据会计凭证对各项财产物资的增加和减少在有关账簿中逐日逐笔地进行登记、反映，并随时结出账面结存数额的一种盘存制度	在日常经济活动中，根据会计凭证，将财产物资的增加数在有关账簿中逐笔进行登记，但不登记日常的减少数。期末结账时，根据实地盘点的实存数额倒推出本期的减少数，并据此登记入账的一种盘存制度
计算公式	期末账面余额=期初账面余额+本期增加额-本期减少额	本期减少数=期初账面余额+本期增加额-本期盘点实际结存数
优点	可以及时记录和了解财产物资的账面结存数，有利于加强管理，被广泛采用	核算工作简单
缺点	会计核算工作量大	不能及时了解和掌握日常财产物资的账面结存额和财产物资的溢缺情况，且手续不严密，不利于管理，一般不宜采用

（二）财产物资的清查方法

财产物资的清查方法如表 5-4 所示。

表 5-4　财产物资的清查方法

项目	财产类别	清查方法
货币资金	库存现金	实地盘点法
	银行存款	与开户银行核对账目法
实物资产	存货 固定资产	实地盘点法、技术测算法
往来款项	应收、应付款项和预收、预付款项等	发函询证法

四、财产清查一般流程

（1）建立财产清查组织，成立清查小组。

（2）组织清查人员学习有关政策规定，掌握法律法规知识，提高财产清查质量。

（3）确定清查对象、范围，明确清查任务。

（4）制定清查方案，具体安排清查内容、时间、步骤、方法以及必要的清查前准备。

（5）清查时本着先清查数量、核对有关账簿记录，再认定质量的原则进行。

（6）填制清查结果报告表。

任务实施

★案例资料

“实”与“账”

求实公司 2023 年 12 月 31 日对存货进行了盘点，发现 2023 年 12 月 30 日收到一批价值为 2 800 元的采购材料，在仓库实物账中进行了数量登记。因尚未收到采购发票及相关单据，故未计入 2023 年 12 月 31 日的原材料明细账及总账。求实公司对该批存货的处理是否正确？为什么？

★问题解析

求实公司对该批存货的处理不正确。因为在 2023 年 12 月 31 日结账前，收到存货并纳入当日盘点范围内，应作为本公司的存货进行管理。那么在 2023 年 12 月 31 日的财务账簿中，应按“暂估入账”的方法进行原材料记录，做到结账日“账实相符”。否则，就会出现“实”有“账”无的情况。

职业能力训练

1. 判断题（下列答案中正确的打“√”，错误的打“×”）

（1）从财产清查的对象和范围看，年终决算前对企业财产物资进行的清查一般属于全面清查。（　　）

（2）在采用永续盘存制下，还需要再对各项财产物资进行实地盘点。（　　）

（3）一般情况下，全面清查是定期清查，局部清查是不定期清查。（　　）

2. 选择题（下列答案中有一项或者多项是正确的）

（1）财产清查的目的是达到（　　）。

A. 账账相符　B. 账证相符　C. 账实相符　D. 账表相符

（2）出纳员每日业务终了对现金进行清点，属于（　　）。

A. 局部清查和不定期清查　B. 全面清查和定期清查

C. 局部清查和定期清查　D. 全面清查和不定期清查

（3）财产清查按清查的时间划分，可分为（　　）。

A. 全面清查　B. 定期清查　C. 不定期清查　D. 局部清查

（4）因更换仓库保管员而对存货进行盘点和核对，属于（　　）。

A. 全面清查和不定期清查　B. 全面清查和定期清查

C. 局部清查和不定期清查　D. 局部清查和定期清查

（5）财产物资的盘存制度是（　　）。

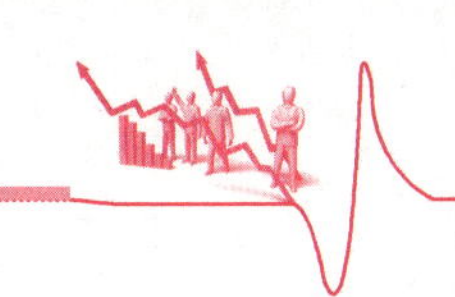

A. 权责发生制　　B. 收付实现制

C. 永续盘存制和实地盘存制　　D. 应计制和现金制

(6) 采用实地盘存制，平时对财产物资（　　）。

A. 只登记收入数，不登记发出数　　B. 只登记发出数，不登记收入数

C. 先登记收入数，后登记发出数　　D. 先登记发出数，后登记收入数

(7) 造成账实不符的原因主要有（　　）。

A. 财产物资的自然损耗　　B. 财产物资收发计量错误

C. 会计账簿漏记、重记、错记　　D. 未达账项

(8)（　　）宜采用全面清查。

A. 因水灾造成的财产损失　　B. 年终决算前进行的清查

C. 因企业改组、并购进行的清查　　D. 银行了解企业产品的盘盈盘亏情况

任务二　清查和处理货币资金

企业库存现金的清查，应采用实地盘点法。除出纳人员做到日清月结、账款相符外，企业还要组织清查人员对库存现金进行定期或不定期清查，确定库存现金的实存数，并将其与现金日记账的账面余额核对，以查明账实是否相符。企业银行存款的清查，应采用核对账目法，即将企业的银行存款日记账与开户银行送给企业的对账单逐笔核对，据以查明银行存款实有数的方法。

学习时，要明确库存现金清查的范围和种类，掌握库存现金清查的方法及清查结果的账务处理。应理解未达账项形成的原因，掌握查找未达账项的方法以及银行存款余额调节表的编制。

一、库存现金的清查

（一）库存现金的清查方法

库存现金的清查是通过实地盘点法，确定库存现金的实存数，再与现金日记账的账面余额核对，以查明库存现金短缺或溢余的情况。其清查内容和方法如下：

（1）盘点前，出纳人员应先将有关收、付款凭证全部登记现金日记账，并结出库存现金余额。

库存现金的盘点

（2）盘点时，要求清查人员和出纳人员均在场，由出纳人员清点库存现金实存数。盘点时，除查明账实是否相符外，还要查明有无违反现金管理制度规定，如有无以“白条”抵充现金，现金库存是否超过银行核定的限额，有无“坐支现金”等。

（3）盘点结束后，应根据盘点结果，及时填制“库存现金盘点报告表”，如表 5-5 所示，它是现金清查中的重要原始凭证。“库存现金盘点报告表”应由清查人员和出纳人员共同签章方能生效。

表 5-5　库存现金盘点报告表

单位：财贸公司　　　　2023 年 12 月 31 日　　　　单位：元

币别	实存金额	账存金额	对比结果		备注
			长款	短款	
人民币	680. 00	700. 00		20. 00	

盘点人：张龙　　　　出纳员：陈红

（二）库存现金清查结果的处理

1. 设置账户

为了核算和监督企业在财产清查中查明的财产盘盈、盘亏和毁损及其处理情况，应设置“待处理财产损溢”账户。

“待处理财产损溢”账户属于资产类，其账户结构如图 5-1 所示。

借方　　待处理财产损溢	贷方
①已发生但尚未处理的财产物资的盘亏或毁损数额 ②经批准转销的盘盈数额	①已发生但尚未处理的财产物资的盘盈数额 ②经批准转销的盘亏或毁损数额

图 5-1　“待处理财产损溢”账户结构

本账户应分别设置“待处理流动资产损溢”和“待处理固定资产损溢”两个明细账户进行明细核算。

企业清查的各种财产的损溢，应于期末前查明原因，并按管理权限报经批准后，在期末结账前处理完毕。处理后，“待处理财产损溢”账户应无余额。

2. 库存现金清查结果的处理

在库存现金清查中，发现现金长款或短款时，除了设法查明原因外，还应及时根据“库

存现金盘点报告表”进行账务处理。

二、银行存款的清查

（一）银行存款的清查方法

银行存款的清查采用核对账目法，即将开户银行定期送来的对账单与本单位的银行存款日记账逐笔进行核对，以查明账实是否相符。银行存款清查每月至少核对一次。

在与银行核对账目之前，应先详细检查本单位银行存款日记账的正确性和完整性，然后与开户银行送来的对账单逐笔核对，确定双方记账的正确性。开户银行送来的对账单，详细地记录了企业银行存款的增加额、减少额和结余额。但由于办理结算手续和凭证传递的原因，即使本单位和银行的账簿没有记错，银行对账单上的存款余额常常也会与本单位银行存款的账面余额不一致。这种差异主要是“未达账项”造成的。

所谓未达账项，是指单位与银行之间对于同一项经济业务，由于记账时间不同而形成的一方已登记入账，而另一方因尚未接到有关凭证而未登记入账的款项。企业与银行之间的未达账项，主要有以下四种情况：

（1）企业收到或已送存银行的款项，企业已入账，但银行尚未入账。

（2）企业开出各种付款凭证，企业已入账，但银行尚未入账。

（3）银行代企业收进的款项，银行已入账，但企业尚未入账。

（4）银行代企业支付的款项，银行已入账，但企业尚未入账。

由于存在以上未达账项，因此，一定时期企业的银行存款日记账余额和开户银行送来的对账单余额可能不一致。这就要求在清查过程中，查找出双方未达账项的金额，并据以编制“银行存款余额调节表”。

知识拓展

近年来，各大商业银行及其他金融机构开通网上银行和手机银行业务，出现未达账项的情况越来越少。

（二）银行存款余额调节表的编制

银行存款余额
调节表的编制

银行存款余额调节表的编制，其计算公式如下：

企业银行存款日记账余额+银行已收企业未收款-银行已付企业未付款=

银行对账单存款余额+企业已收银行未收款-企业已付银行未付款

现举例说明“银行存款余额调节表”的编制方法。

任务实施

★案例资料

【例 5-1】 财贸公司某日进行现金清查发现现金短款 20 元，编制如下会计分录：

借：待处理财产损溢——待处理流动资产损溢　　20

　　贷：库存现金　　20

若经检查，属于出纳员的责任，应由其赔偿，编制如下会计分录：

借：其他应收款——出纳员　　20

　　贷：待处理财产损溢——待处理流动资产损溢　　20

【例 5-2】 财贸公司某日进行现金清查，发现现金长款 100 元，编制如下会计分录：

借：库存现金　　100

　　贷：待处理财产损溢——待处理流动资产损溢　　100

若经反复核查，未查明原因，报经批准转作营业外收入处理，编制如下会计分录：

借：待处理财产损溢——待处理流动资产损溢　　100

　　贷：营业外收入　　100

★技能考核

财贸公司 2023 年 12 月 31 日银行存款日记账的账面余额为 80 000 元，银行送来的对账单上的存款余额为 84 000 元，经逐笔核对，发现有以下未达账项：

（1）企业于月末开出转账支票 3 000 元，持票人尚未向银行办理转账手续，银行尚未入账。

（2）企业于月末存入从其他单位收到的转账支票 5 000 元，银行尚未入账。

（3）企业委托银行代收外地销货款 10 000 元，银行已经收到入账，但企业尚未收到收款通知，因而企业尚未入账。

（4）银行代企业支付水电费 4 000 元，但企业尚未收到付款通知，因而企业尚未入账。

【考核要求】根据以上资料，编制“银行存款余额调节表”。

★问题解析

银行存款余额调节表如表 5-6 所示。

表 5-6　银行存款余额调节表

2023 年 12 月 31 日　　单位：元

项目	金额	项目	金额
企业银行存款日记账的账面金额	80 000	银行对账单的存款金额	84 000

续表

项目	金额	项目	金额
加：银行已收，企业未收	10 000	加：企业已收，银行未收	5 000
减：银行已付，企业未付	4 000	减：企业已付，银行未付	3 000
调节后的存款余额	86 000	调节后的存款余额	86 000

财贸公司2023年12月31日调节后的银行存款日记账余额与银行对账单调节后的银行存款余额相等，说明双方记账基本上没有差错。

编制的“银行存款余额调节表”可以看出，在双方记账都不发生错误的前提下，调整后的存款余额应该相等。该余额就是企业可以支用的银行存款实有数额。

银行存款余额调节表的作用如下：

（1）银行存款余额调节表是一种对账记录或对账工具，不能作为调整账面记录的依据，未达账项只有在收到有关凭证后，才能据以作账务处理。

（2）调节后的余额如果相等，通常说明企业和银行的账面记录基本上没有差错。

（3）调节后的余额如果不相等，通常说明一方或双方记账有误，需进一步追查，查明原因后予以更正和处理。

职业能力训练

1. 判断题（下列答案中正确的打“√”，错误的打“×”）

（1）银行存款的清查，主要是将银行存款日记账与银行存款总账进行核对。（　　）

（2）未达账项是造成企业银行存款日记账与银行对账单余额不等的唯一原因。（　　）

（3）月末企业银行存款的实有余额为银行对账单余额加上企业已收、银行未收的款项，减去企业已付、银行未付的款项。（　　）

（4）如果企业和银行双方记账均无错误，企业银行存款日记账余额和银行对账单余额应相等。（　　）

（5）产生未达账项的原因是记账错误，应采用适当的方法予以更正。（　　）

（6）月末应根据“银行存款余额调节表”中调整后的余额进行账务处理，使企业银行存款账的余额与调整后的余额一致。（　　）

2. 选择题（下列答案中有一项或者多项是正确的）

（1）现金清查一般采用的方法是（　　）。

A. 实地盘点　　B. 询证核对　　C. 抽样检验　　D. 技术测算盘点

（2）企业进行现金盘点时，（　　）必须在场。

A. 会计人员　　B. 出纳人员

C. 单位负责人　　D. 上级主管单位负责人

(3) 银行存款清查一般采用的方法是（　　）。

A. 日记账与收付款凭证核对　　B. 日记账与总分类账核对

C. 日记账与对账单核对　　D. 总分类账与收付款凭证核对

(4) 月末企业银行存款日记账与银行对账单不一致，造成企业账面存款余额大于银行对账单存款余额的原因有（　　）。

A. 企业已收款入账，而银行尚未入账　　B. 企业已付款入账，而银行尚未入账

C. 银行已收款入账，而企业尚未入账　　D. 银行已付款入账，而企业尚未入账

(5) 企业银行存款日记账与银行对账单的核对，属于（　　）。

A. 账实核对　　B. 账证核对　　C. 账账核对　　D. 账表核对

(6) 在记账无误的情况下，银行对账单与企业银行存款日记账账面余额不一致是由于（　　）。

A. 应付账款造成的　　B. 未达账项造成的

C. 坏账损失造成的　　D. 应收账款造成的

(7) 编制银行存款余额调节表时，应列入调整表中企业银行存款日记账账面余额一方的业务有（　　）。

A. 企业已收，银行未收　　B. 企业已付，银行未付

C. 银行已收，企业未收　　D. 银行已付，企业未付

(8) 下列各项中，应在“待处理财产损溢”科目贷方登记的是（　　）。

A. 财产物资盘亏、毁损的金额　　B. 财产物资盘盈的金额

C. 财产物资盘盈的转销额　　D. 财产物资盘亏的转销额

任务三　清查和处理实物资产

任务目标

企业的实物资产主要包括存货和固定资产。不同种类的财产物资的实物形态、重量、体积、堆放的方式各不相同，清查的方法也各不相同。存货清查一般每月进行一次，固定资产一般于年末与其他资产一起进行全面清查。

学习时，要了解财产清查前的各项准备工作，确定实物资产的清查方法，会填写“盘存单”和“账存实存对比表”，掌握实物资产清查结果的账务处理。

一、实物资产的清查方法

（一）实物资产的清查方法

存货的清查是指对库存商品、原材料、在产品等的清查。固定资产的清查是指对企业的固定资产进行的清查。实物资产清查应从品种、规格、型号、数量、质量等方面进行。存货清查一般每月进行一次，固定资产一般于年末与其他资产一起进行全面清查。

不同种类的实物资产，由于其实物形态、体积、重量、存放方式等不同，因此采用的清查方法不同。通常采用实地盘点法和技术推算法两种。

1. 实地盘点法

实地盘点法是对各项实物进行逐一清点，或者用计量器具确定其实存数量的方法。这种方法适用范围较广泛，大部分财产物资的清查采用这种方法。

2. 技术推算法

技术推算法是通过量方、计尺等技术方法推算有关财产物资实有数量的方法。这种方法适用于大量、成堆、难以逐一清点的财产物资的清查。

（二）开展实物资产清查

首先，要由清查人员协同财产物资保管人员在现场对财产物资采用上述相应的清查方法进行盘点，确定其实有数量，并同时检查其质量情况。

其次，对盘点的结果要如实地登记在“盘存单”（见表5-7）上，并由盘点人员和实物保管人员签章，以明确经济责任。“盘存单”既是记录实物盘点结果的书面证明，又是反映材料物资实有数的原始凭证。

表5-7　盘存单

单位名称：财贸公司　　　　盘点时间：2023年12月31日

财产类别：材料　　　　存放地点：1#仓库　　　　金额单位：元

编号	名称	规格或型号	计量单位	数量	单价	金额	备注
	B材料		千克	2 900	4.00	11 600.00	

盘点人：李霞　　　　实物保管人：　张毅

最后，根据“盘存单”和相应的材料物资账簿的记录情况填制“账存实存对比表”，如表 5-8 所示。它是一个重要的原始凭证，既是调整账簿记录的原始依据，也是分析账存数和实存数发生差异的原因，确定经济责任的原始证明材料。

表 5-8　账存实存对比表

单位名称：财贸公司　　　　2023 年 12 月 31 日　　　　金额单位：元

<table>
<tr><th rowspan="3">编号</th><th rowspan="3">类别及名称</th><th rowspan="3">规格或型号</th><th rowspan="3">计量单位</th><th rowspan="3">单价</th><th colspan="2">账　存</th><th colspan="2">实　存</th><th colspan="4">对比结果</th><th rowspan="3">备注</th></tr>
<tr><th rowspan="2">数量</th><th rowspan="2">金额</th><th rowspan="2">数量</th><th rowspan="2">金额</th><th colspan="2">盘盈</th><th colspan="2">盘亏</th></tr>
<tr><th>数量</th><th>金额</th><th>数量</th><th>金额</th></tr>
<tr><td></td><td>B 材料</td><td></td><td>千克</td><td>4.00</td><td>2 950</td><td>11 800.00</td><td>2 900</td><td>11 600.00</td><td></td><td></td><td>50</td><td>200.00</td><td></td></tr>
<tr><td></td><td></td><td></td><td></td><td></td><td></td><td></td><td></td><td></td><td></td><td></td><td></td><td></td><td></td></tr>
<tr><td></td><td></td><td></td><td></td><td></td><td></td><td></td><td></td><td></td><td></td><td></td><td></td><td></td><td></td></tr>
<tr><td></td><td></td><td></td><td></td><td></td><td></td><td></td><td></td><td></td><td></td><td></td><td></td><td></td><td></td></tr>
</table>

会计主管：李梅　　　　复核：林英　　　　制表：宁静

二、实物资产清查结果的处理

（一）存货清查结果的处理

企业盘盈、盘亏和毁损的存货，报经批准以前应先通过“待处理财产损溢”账户核算，报经有关部门批准以后，应作如下会计处理：属于定额内自然损耗，则记入“管理费用”账户；属于应由保险公司和过失人赔偿的，则记入“其他应收款”账户；若属于非常损失造成的存货净损失，则记入“营业外支出”账户。如果发生盘盈，经批准可作冲减“管理费用”账户。除以上处理外，涉及增值税的，还应进行相应处理。

（二）固定资产清查结果的处理

企业盘盈的固定资产，应按重置成本确定其入账价值，作为前期差错处理，在按管理权限报经批准处理前，应先通过“以前年度损益调整”账户核算。

盘亏的固定资产，应按其账面价值先通过“待处理财产损溢”账户核算，报经批准转销时，再作为盘亏损失转入“营业外支出”账户。

任务实施

★案例资料

【例 5-3】　财贸公司在财产清查中发现 B 材料盘亏 50 千克，每千克 4 元。

在批准之前，根据“账存实存对比表”，编制如下会计分录：

借：待处理财产损溢——待处理流动资产损溢　　200
　　贷：原材料——B 材料　　200

存货的盘亏

上述盘亏的 B 材料，经查明自然损耗 10 千克，意外灾害造成的损失为 15 千克，过失人造成的毁损为 25 千克。

根据批准处理意见，编制如下会计分录：

借：管理费用　　40
　　营业外支出　　60
　　其他应收款——过失人　　100
　　贷：待处理财产损溢——待处理流动资产损溢　　200

【例 5-4】 财贸公司在财产清查中发现 A 材料盘盈 5 千克，每千克 20 元。

在批准之前，根据“账存实存对比表”编制如下会计分录：

借：原材料——A 材料　　100
　　贷：待处理财产损溢——待处理流动资产损溢　　100

经查明，盘盈的 A 材料系计量不准而形成的溢余，经批准冲减管理费用，编制如下会计分录：

借：待处理财产损溢——待处理流动资产损溢　　100
　　贷：管理费用　　100

【例 5-5】 财贸公司在财产清查中发现盘亏设备一台，其账面原价 60 000 元，已提折旧 15 000 元。

在批准之前，根据“账存实存对比表”编制如下会计分录：

借：待处理财产损溢——待处理固定资产损溢　　45 000
　　累计折旧　　15 000
　　贷：固定资产　　60 000

经审批后，同意作为损失列作“营业外支出”处理，编制如下会计分录：

借：营业外支出　　45 000
　　贷：待处理财产损溢——待处理固定资产损溢　　45 000

职业能力训练

1. 判断题（下列答案中正确的打“√”，错误的打“×”）

（1）在清查盘点实物时，由盘点人员单方面清点即可，保管人员不需在场。（　　）

（2）盘点实物时，发现其账面数大于实存数，即为盘盈。（　　）

（3）盘存单是记录实物盘点的结果，是反映财产物资实存数额的原始凭证。（　　）

2. 选择题（下列答案中有一项或者多项是正确的）

（1）下列资产中，（　　）不应采用实地盘点法或技术推算法进行清查。

A. 库存现金　　B. 原材料　　C. 银行存款　　D. 固定资产

（2）进行财产清查时，对大量成堆、难以逐一清点数量的财产物资，一般采用（　　）。

A. 实地盘点法　　B. 抽查检验法

C. 技术推算盘点法　　D. 询证核对法

（3）对于财产清查中所发现的财产物资盘盈、盘亏和毁损，财会部门进行账务处理直接依据的原始凭证是（　　）。

A. 银行存款余额调节表　　B. 账存实存对比表

C. 盘存单　　D. 入库单

（4）在财产清查过程中，可作为原始凭证的有（　　）。

A. 库存现金盘点报告表　　B. 银行存款余额调节表

C. 账存实存对比表　　D. 盘存单

（5）对于盘亏、毁损的存货，经批准后进行账务处理时，可能涉及的借方账户是（　　）。

A. 其他应收款　　B. 营业外支出　　C. 营业外收入　　D. 原材料

任务四　清查和处理往来款项

任务目标

往来款项清查的内容主要包括应收账款、应付账款、预收账款、预付账款及其他应收、应付款项等。往来款项的清查一般采用“函证核对法”与对方单位进行核对。学习时，了解往来款项清查的主要内容，掌握“往来款项对账单”和“往来款项清查结果报告表”的编制以及对往来款项清查结果的账务处理。

一、往来款项的清查

（一）往来款项的清查方法

往来款项主要包括各种应收、应付款项和预收、预付款项。往来款项的清查，一般采用

发函询证的方法进行核对。通过往来款项的清查，企业可以掌握债权、债务的真实情况，及时催收款项，加快企业资金流转，提高企业资金利用率，如期偿还债务，维护企业信用。

（二）开展往来款项的清查

1. 结出往来明细账余额

在清查前，往来会计对账簿中所记录的债权债务事项进行逐笔核对，检查账簿记录是否完整准确，及时结出往来明细账户余额。

2. 填制往来款项对账单

清查中，清查单位应在其各种往来款项记录准确的基础上，按每一个经济往来单位填制“往来款项对账单”（见图 5-2）一式两联，其中一联送交对方单位核对账目，另一联作为回单联。对方单位经过核对相符后，在回单联上加盖公章退回，表示已核对。如有数字不符，对方单位应在对账单中注明情况退回本单位，本单位进一步查明原因，再行核对。

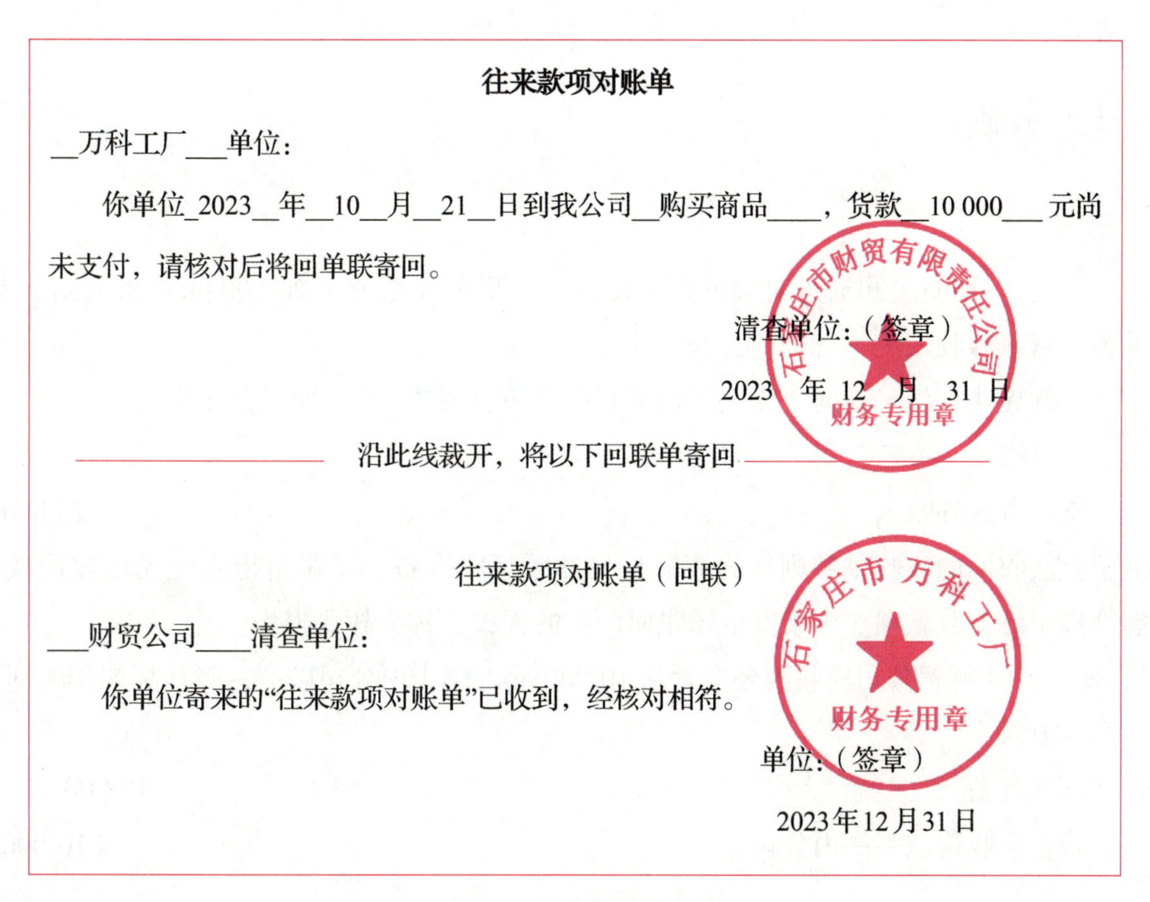

往来款项对账单

__万科工厂___单位：

你单位_2023__年__10__月__21__日到我公司__购买商品____，货款__10 000___元尚未支付，请核对后将回单联寄回。

清查单位：（签章）

2023　年　12　月　31　日

——————沿此线裁开，将以下回联单寄回——————

往来款项对账单（回联）

___财贸公司____清查单位：

你单位寄来的“往来款项对账单”已收到，经核对相符。

单位：（签章）

2023年12月31日

图 5-2　往来款项对账单

3. 填制往来款项清查结果报告单

往来款项清查以后，将清查结果编制“往来款项清查报告单”（见表 5-9），填列各项债权、债务的余额。对于有争执的款项以及无法收回的款项，应在报告单上详细列明情况，并及时采取措施，避免或减少坏账损失。

表 5-9　往来款项清查报告单

单位：元

总分类 账户		明细分类 账户		清查结果		核对不符单位及原因				近日到期的票据		
名称	金额	名称	金额	核对相符金额	核对不符金额	核对不符单位	未达账项金额	争执款项金额	无法收回	无法支付	应收票据	应付票据
应收账款	10 000.00	万科工厂	10 000.00	10 000.00								

清查人员签章：李丽　　　　往来会计签章：张龙

二、往来款项清查结果的处理

在财产清查过程中，对于经查明确实无法支付的应付款项可按规定程序报经批准后，转作“营业外收入”。

任务实施

★案例资料

【例 5-6】　财贸公司通过对应付账款清理，发现前欠乙公司 20 000 元的账款无法支付，经批准转入营业外收入。

应付账款无法支付，根据“无法支付应付账款审批表”，编制如下会计分录：

借：应付账款——乙公司　　20 000

　　贷：营业外收入　　20 000

对于无法收回的应收款项则作为坏账损失冲减坏账准备。坏账是指企业无法收回或收回的可能性极小的应收款项。由于发生坏账而产生的损失，称为坏账损失。

【例 5-7】　财贸公司应收丙公司货款 10 000 元，由于丙公司破产，确认坏账损失时，编制如下会计分录：

借：坏账准备　　10 000

　　贷：应收账款——丙公司　　10 000

职业能力训练

1. 判断题（下列答案中正确的打“√”，错误的打“×”）

（1）各种结算往来款项的清查，必须派人亲自到对方单位核对。（　　）

（2）往来款项的清查，主要包括应收应付、预收预付以及其他应收应付款项，不包括银

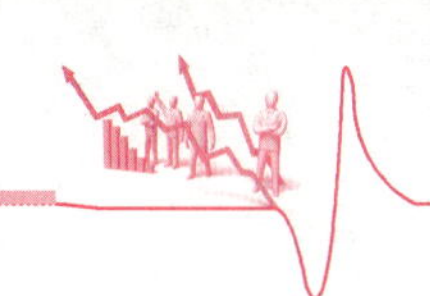

行长、短期借款。（ ）

（3）对于确实无法收回或无法支付的款项应进行核销，但应在备查簿中进行记录。（ ）

2. 选择题（下列答案中有一项或者多项是正确的）

（1）对应收账款进行清查时，应采用的方法是（ ）。

A. 与记账凭证核对 B. 发函询证法 C. 实地盘点法 D. 技术推算法

（2）下列说法中不正确的有（ ）。

A. 银行存款应采用发函询证法进行核对

B. 往来款项的清查一般采用发函询证法进行核对

C. 库存现金清查时，出纳人员必须在场

D“现金盘点报告表”不能作为调整账簿记录的原始凭证

（3）企业对于债权人撤销等而无法支付的应付账款，应按其账面余额记入（ ）账户。

A. 资本公积 · B. 其他业务收入 C. 营业外收入 D. 冲减管理费用

素养课堂

【主题】守法奉公，自查自纠，坚持准则

【背景】

某食品厂于2023年年末进行财产清查时发现库存现金账面上多出了1 000元，复查后找不到该现金账款多余原因，公司批准以后将其转为营业外收入；盘亏原材料1 000千克，价值3 000元，其中2 000元为非常损失，200元为自然损耗，800元为保管员责任；盘亏小型运输车账面净值5 000元，已提折旧费用共计30 000元；在往来款中还发现应付某厂的1 000元费用是2021年形成的，但一直没有结算，该笔债务经查证无须支付，也作为营业外收入处理。

【提示】

2016年1月29日，中共中央政治局会议提出增强“四个意识”，即“政治意识、大局意识、核心意识、看齐意识”。正如清查过程中，遇到问题要及时上报，谨防问题恶化。会计核算中要经常进行财产清查，通过对账和试算平衡工作，发现错账和财产损失情况，及时找出原因并更正。会计人员每经过一段时间就要进行反省，找出自身的优缺点，采取正确的态度去面对，运用正确的方法进行改正，争取以后少犯同样的错误。真正理解财产清查对于保证会计信息真实可靠，保护财产物资安全完整、维护财经纪律、完善经营管理等有着重要意义。

【反思】

通过案例资料分析，结合财产清查结果账务处理的相关知识点，做出以上财产清查结果的账务处理。

项目评价

项目名称	考核内容	分值	考核要求及评分标准	得分
项目五 开展财产清查	职业能力训练	10	判断正确并能说明理由	
		10	选择正确并能说明理由	
	实务训练	10	积极参与课前调研和学习	
		20	案例分析思路清晰，所得结论正确	
		20	领会财产清查的概念、种类和清查方法	
		20	熟练根据经济业务对财产清查结果进行账务处理	
	职业素养	5	学习态度严谨，团队协作能力强	
		5	具有良好的职业道德修养	
合计		100	实际总得分	

学生自评	
评价内容	评价等级（★★★、★★、★）
课堂互动积极，愿意和老师互动	
能够自主学习，及时解决问题	
积极参与调研，与小组同伴相处融洽	
能够积极主动地完成课堂任务	
能够总结归纳本节课的知识内容	

项目六

编制和报送财务报表

项目导航

编制财务报表是账务处理程序的最后一个环节。本项目系统地介绍财务会计报告的概念、构成，财务报表的概念、分类和编制方法，以及会计档案管理的相关规定。学习时，应了解财务会计报告的基础知识，掌握常用财务报表的编制方法。能够用所学实务知识规范会计报表的相关技能活动。

职业能力目标

1. 了解财务会计报告的概念及作用。
2. 熟悉财务会计报表的概念、分类以及编制的基本要求。
3. 掌握资产负债表和利润表的编制方法，并能根据账簿资料熟练编制。
4. 了解会计档案的内容、归档、保管和移交，以及会计档案的保管期限。

职业素养目标

培养学生的会计思维方式、认真的学习态度以及严谨细致的工作作风；养成诚实守信、客观公正的职业操守；并通过财务报表数据分析，帮助学生树立风险意识，有效规避风险。

任务一　认识财务报表

想要找出一家获利能力强、业绩持续增长的企业，必须从企业的财务报表着手研究。财务报表信息是企业经营活动的“晴雨表”，想了解公司的财务状况是否健康、盈利表现是否持续成长、资产规模如何、现金的流向变化，通过财务报表数据分析就能获知。财务人员需要履行责任，确保报表的准确性和可靠性，以及报表的完整性和可比性。

一、财务会计报告

（一）财务会计报告的概念

财务会计报告是指单位向有关各方面及国家有关部门提供的反映本单位财务状况和经营成果及现金流量的书面文件。它包括会计报表、会计报表附注和其他应当在财务会计报告中披露的相关信息和资料。

（二）财务会计报告的作用

编制财务会计报告是会计核算体系中的一项重要内容，它是财务会计确认和计量的最终成果，对于加强企业的经营管理以及外部有关部门、投资人、债权人了解企业的经济活动情况有着十分重要的意义。

（1）财务会计报告为内部的经营管理者进行日常经营管理提供依据。

（2）财务会计报告为现有和潜在的投资者做出投资决策提供依据。

（3）财务会计报告为债权人和银行观察单位的资金运转情况和判断偿债能力提供依据。

（4）财务会计报告为财政、工商、税务、审计等部门实施检查、监督管理提供依据。

二、财务报表的概念与分类

（一）财务报表的概念

财务报表是财务会计报告的主干部分，它是对企业财务状况、经营成果和现金流量的结构性表述。

（二）财务报表按照反映的经济业务内容分类

按照反映的经济内容不同可以分为资产负债表（见表 6-1）、利润表（见表 6-2）、现金流量表、所有者权益变动表。

（三）财务报表按照编报的时间分类

按照财务报表编报期间的不同，可以分为中期财务报表和年度财务报表。

1. 中期财务报表

中期财务报表是以短于一个完整会计年度的报告期间为基础编制的财务报表，包括月报、季报和半年报等。中期财务报表至少应当包括资产负债表、利润表、现金流量表和附注四个组成部分。

月度财务报表简称月报，在每月终了时进行编制，应于月份终了后 6 日内报出；季度财务报表简称季报，在每季度终了时编制，应于季度终了后的 15 日内报出；半年度财务报表简称半年报，在每半年终了时编制，应于年度中期结束后 60 日内报出。

2. 年度财务报表

年度财务报表是指以一个完整的会计年度（自公历 1 月 1 日起至 12 月 31 日止）为基础编制的财务报表。年度财务报表一般包括资产负债表、利润表、现金流量表、所有者权益变动表和附注这五个组成部分。年度财务报表应在每年终了时编制，应于年度结束后 4 个月内报出。

本项目只对“资产负债表”和“利润表”的编制方法进行详细的介绍。

表 6-1　资产负债表（简表）　　　　会企 01 表

编制单位：　　　　年　月　日　　　　单位：元

资　产	期末余额	上年年末余额	负债及所有者权益	期末余额	上年年末余额
流动资产：			流动负债：		
货币资金			短期借款		
交易性金融资产			应付票据		
应收票据			应付账款		
应收账款			预收款项		
预付款项			应付职工薪酬		
其他应收款			应交税费		
存货			其他应付款		
合同资产			一年内到期的非流动负债		

续表

资　产	期末余额	上年年末余额	负债及所有者权益	期末余额	上年年末余额
一年内到期的非流动资产			其他流动负债		
其他流动资产			流动负债合计		
流动资产合计			非流动负债：		
非流动资产：			长期借款		
长期应收款			应付债券		
长期股权投资			非流动负债合计		
固定资产			负债合计		
在建工程			所有者权益：		
生产性生物资产			实收资本（或股本）		
无形资产			资本公积		
商誉			盈余公积		
长期待摊费用			未分配利润		
非流动资产合计			所有者权益合计		
资产总计			负债和所有者权益总计		

单位负责人：　　　　会计主管：　　　　复核：　　　　制表：

表 6-2　利润表（简表）

会企 02 表

编制单位：　　　　年　　月　　　　单位：元

项　目	本期金额	上期金额
一、营业收入		
减：营业成本		
税金及附加		
销售费用		
管理费用		
研发费用		
财务费用		
其中：利息费用		
利息收入		
加：其他收益		
投资收益（损失以“-”号填列）		
公允价值变动收益（损失以“-”号填列）		

续表

项　目	本期金额	上期金额
资产减值损失（损失以“-”号填列）		
信用减值损失（损失以“-”号填列）		
资产处置收益（损失以“-”号填列）		
二、营业利润（亏损以“-”号填列）		
加：营业外收入		
减：营业外支出		
三、利润总额（亏损总额以“-”号填列）		
减：所得税费用		
四、净利润（净亏损以“-”号填列）		
（一）持续经营净利润（净亏损以“-”号填列）		
（二）终止经营净利润（净亏损以“-”号填列）		
五、其他综合收益的税后净额		
……		
六、综合收益总额		
七、每股收益		
（一）基本每股收益		
（二）稀释每股收益		

单位负责人：　　　　会计主管：　　　　复核：　　　　制表：

三、会计报表编制的基本要求

（一）数字真实

企业提供的会计资料应当真实可靠，不能用估计数字代替实际数，不能弄虚作假，不能篡改或隐瞒会计资料。会计报表应根据审核无误的账簿记录和其他有关资料编制，做到数字真实。

（二）内容完整

内容完整就是指企业提供的会计报表应该是按照国家统一制度规定编制的，无论是表内项目还是补充资料，必须填写齐全，不准漏报、漏编。

（三）计算准确

计算准确就是在报表项目内容填写完整的基础上，报表数字的计算要准确，不能有错算、漏算或重复计算等现象。

（四）报送及时

企业提供的会计报表具有较强的实效性，因此，必须按照规定的时间期限和程序及时编制，及时报送。

对于会计报表的报送期限，国家统一规定为：月报会计报表应于月份终了后 6 日内报出；季报会计报表应于季度终了后 15 日内报出；半年报会计报表应于半年终了后 60 日内报出；年度会计报表应于年度终了后 4 个月内报出。

职业能力训练

1. 判断题（下列答案中正确的打“√”，错误的打“×”）

（1）财务报表是企业对外提供的反映企业某一特定期间财务状况和某一会计期间经营成果、现金流量及所有者权益变动情况的书面文件。（　　）

（2）设置和登记账簿是编制财务报表的基础。（　　）

2. 选择题（下列答案中有一项或者多项是正确的）

（1）下列属于财务报表的有（　　）。

A. 资产负债表　　B. 利润表

C. 现金流量表　　D. 所有者权益变动表

（2）年度报表应于年度终了后（　　）内对外报送。

A. 15 日　　B. 6 日　　C. 60 日　　D. 4 个月

（3）报表按编报时间不同，可以分为（　　）。

A. 中期财务报表　　B. 静态会计报表　　C. 年度财务报表　　D. 动态会计报表

（4）财务报表的编制要求包括（　　）。

A. 计算准确　　B. 数字真实　　C. 内容完整　　D. 编报及时

任务二　掌握资产负债表的编制

任务目标

资产负债表反映一个企业的家底与实力。通过对资产负债表的分析，可以了解企业偿债能力和支付能力，投资者和债权人据此可以做出相应的决策，是财务报表的核心。通过对前后各期资产负债表的对比分析，可以了解企业资本结构及其变化情况，经营者、投资者和债权人据此可以掌握企业财务状况的变化情况和变化趋势。

知识精讲

一、资产负债表的概念

资产负债表

资产负债表是反映企业在某一特定日期（月末、季末、半年末和年末）财务状况的会计报表。它反映了企业在某一特定日期所拥有或控制的经济资源、所承担的现时义务和所有者对净资产的要求权。资产负债表中的数据体现的是特定时点的财务状况。

因此，资产负债表属于静态报表，是企业基本会计报表之一，也是所有独立核算的企业单位都必须对外报送的会计报表。

企业编制资产负债表的目的是如实反映企业的资产、负债和所有者权益金额及其结构情况，帮助报表使用者评价企业资产的质量以及短期偿债能力、长期偿债能力、利润分配能力等。

二、资产负债表编制的依据

资产负债表的理论依据是会计恒等式，即：资产=负债+所有者权益。

三、资产负债表结构

在我国，资产负债表采用账户式结构，报表分为左右两方，左方列示资产各项目，右方列示负债和所有者权益各项目。资产负债表左右双方平衡，资产总计等于负债和所有者权益总计，即“资产=负债+所有者权益”。

资产和负债应当按流动性分为流动资产和非流动资产、流动负债和非流动负债。

此外，为了便于使用者通过比较不同时点资产负债表的数据，掌握企业财务状况的变动情况及发展趋势，资产负债表各项目分为“年初余额”和“期末余额”两栏，分别填列。

四、资产负债表的编制方法

（一）“上年年末余额”栏的填列方法

“上年年末余额”栏各项目通常根据上年年末资产负债表的“期末余额”栏数字填列。

（二）“期末余额”栏的填列方法

“期末余额”栏各项目通常根据相关账户的期末余额直接或计算分析填列。

1. 根据一个或几个总账账户的期末余额填列

（1）按某个总账账户的期末余额填列。资产负债表中的大部分项目都是根据总账账户的期末余额直接填列，如“交易性金融资产”“短期借款”“应付票据”“应付职工薪酬”“实收资本（股本）”“资本公积”和“盈余公积”等项目。

（2）按多个总账账户的期末余额填列。资产负债表的一些项目需要根据多个总账账户的余额计算填列，如“货币资金”项目，应根据“库存现金”“银行存款”和“其他货币资金”3 个总账账户期末余额的合计数填列；“其他应收款”项目，应根据“应收股利”“应收利息”和“其他应收款”科目的期末余额合计数，减去“坏账准备”科目中相关坏账准备期末余额后的金额填列；“其他应付款”项目，应根据“应付股利”“应付利息”和“其他应付款”科目的期末余额的合计数填列；“未分配利润”项目，则应根据“本年利润”和“利润分配”账户期末余额的计算填列。具体来说，又分为两种情况：

第一种情况是在年度中间的 1—11 月，应根据“本年利润”账户和“利润分配”账户的余额方向一致，将其合计数填入报表；如果“本年利润”账户和“利润分配”账户的余额方向不一致，将其差额填入报表。

第二种情况是在年度终了的 12 月，因本年实现的利润和已分配的利润已经结转，可直接根据“利润分配”账户的年末余额填列。该账户如为贷方余额（正数），表示未分配利润；该账户如为借方余额（负数），表示未弥补亏损。

2. 根据明细账账户的余额计算填列

资产负债表中的部分项目需根据相关明细账账户的期末余额填列。

（1）“应收账款”项目，应根据“应收账款”和“预收账款”账户所属明细账户借方余额之和减去相应“坏账准备”账户账面余额后的金额填列。

（2）“预收款项”项目，应根据“应收账款”和“预收账款”账户所属明细账户贷方余额之和填列。

（3）“应付账款”项目，应根据“应付账款”和“预付账款”账户所属明细账户贷方余额之和填列。

（4）“预付款项”项目，应根据“应付账款”和“预付账款”账户所属明细账户借方余额之和填列。

3. 根据总账账户和明细账账户的余额分析计算填列

“长期借款”项目，应根据“长期借款”账户的期末余额，扣除“长期借款”科目所属的明细科目中将在一年内到期的金额，且企业不能自主地将清偿义务展期的部分后的金额填列。

4. 根据有关账户余额减去其备抵账户余额后的净额填列

如“固定资产”项目，应根据“固定资产”科目的期末余额，减去“累计折旧”和“固

定资产减值准备”科目的期末余额后的金额，加上“固定资产清理”科目的期末余额填列；“在建工程”项目，应当根据“在建工程”科目的期末余额，减去“在建工程减值准备”科目的期末余额，以及“工程物资”科目的期末余额，减去“工程物资减值准备”科目的期末余额后的金额填列；“无形资产”项目应根据相关账户的期末余额扣减相应的累计摊销填列。“固定资产”“无形资产”项目已计提减值准备的，还应扣减相应的减值准备。

5. 综合运用上述填列方法分析填列

如“存货”项目，应根据“材料采购”“原材料”“发出商品”“库存商品”“周转材料”“委托加工物资”“生产成本”“受托代销商品”等账户期末余额合计，减去“存货跌价准备”“受托代销商品款”等账户期末余额后的金额填列，材料采用计划成本核算以及库存商品采用计划成本核算或售价核算的企业，还应按加减材料成本差异、商品进销差价后的金额填列。

任务实施

★案例资料【1】

2024 年 4 月 30 日，财贸公司结账后有关总账账户余额如表 6-3 所示。

表 6-3　有关总账账户余额　　单位：元

总账账户名称	借方余额	贷方余额
库存现金	5 500	
银行存款	363 000	
其他货币资金	210 000	

★问题解析

该企业 2024 年 4 月 30 日资产负债表中：

“货币资金”项目金额 = “库存现金” + “银行存款” + “其他货币资金”

= 5 500+363 000+210 000

= 578 500（元）

★案例资料【2】

2024 年 4 月 30 日，财贸公司结账后有关总账账户及所属明细账余额如表 6-4 所示。

表 6-4　有关总账账户及所属明细账余额　　单位：元

总账账户名称	明细账户	借方余额	贷方余额
应收账款		260 000	
	A 公司	360 000	

续表

总账账户名称	明细账户	借方余额	贷方余额
	B公司		100 000
预付账款		200 000	
	C公司	230 000	
	D公司		30 000
应付账款			305 000
	甲公司		340 000
	乙公司	35 000	
预收账款			470 000
	丙公司		300 000
	丁公司	240 000	
	戊公司		410 000
坏账准备	应收账款坏账准备		6 500

★问题解析

该企业2024年4月30日资产负债表中：

“应收账款”项目金额＝360 000+240 000−6 500＝593 500（元）

“预付款项”项目金额＝230 000+35 000＝265 000（元）

“应付账款”项目金额＝340 000+30 000＝370 000（元）

“预收款项”项目金额＝300 000+410 000+100 000＝810 000（元）

★案例资料【3】

财贸公司总分类账户的期末余额如表6-5所示。

表6-5 总分类账户的期末余额表

2024年4月30日　　　　单位：元

账户	借方余额	账户	贷方余额
库存现金	16 000	坏账准备	9 500
银行存款	314 550	累计折旧	12 640
其他货币资金	80 000	短期借款	90 500
应收账款	89 500	应付账款	18 000
预付账款	35 000	预收账款	83 000
在途物资	15 000	应交税费	45 900

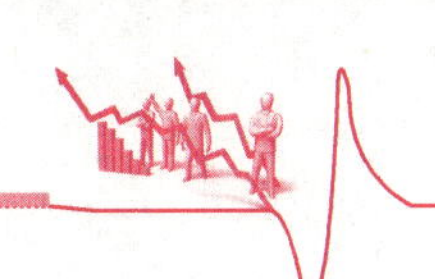

续表

账户	借方余额	账户	贷方余额
原材料	214 000	长期借款	36 000
周转材料	50 230	实收资本	105 000
库存商品	50 040	资本公积	145 400
生产成本	5 000	盈余公积	86 000
固定资产	265 670	本年利润	510 500
利润分配	7 450		
合计	1 142 440	合计	1 142 440

应收账款的明细账借方余额 109 500 元，贷方余额 20 000 元；预付账款的明细账借方余额 43 000 元，贷方余额 8 000 元；应付账款的明细账借方余额 3 000 元，贷方余额 21 000 元；预收账款的明细账借方余额 7 500 元，贷方余额 90 500 元。

长期借款中 1 年内到期需要偿还的借款为 10 000 元。

财贸公司编制 2024 年 4 月 30 日的资产负债表，如表 6-6 所示。

表 6-6 资产负债表

会企 01 表

编制单位：财贸公司　　2024 年 4 月 30 日　　单位：元

资产	期末余额	上年年末余额	负债及所有者权益	期末余额	上年年末余额
流动资产：			流动负债：		
货币资金	410 550		短期借款	90 500	
交易性金融资产			交易性金融负债		
应收票据			应付票据		
应收账款	107 500		应付账款	29 000	
预付款项	46 000		预收款项	110 500	
其他应收款			应付职工薪酬		
存货	334 270		应交税费	45 900	
合同资产			其他应付款		
一年内到期的非流动资产			一年内到期的非流动负债	10 000	
其他流动资产			流动负债合计	285 900	
流动资产合计	898 320		非流动负债：		
非流动资产：			长期借款	26 000	

续表

资产	期末余额	上年年末余额	负债及所有者权益	期末余额	上年年末余额
长期应收款			应付债券		
长期股权投资			非流动负债合计	26 000	
固定资产	253 030		负债合计	311 900	
在建工程			所有者权益：		
生产性生物资产			实收资本	105 000	
无形资产			资本公积	145 400	
商誉			盈余公积	86 000	
长期待摊费用			未分配利润	503 050	
非流动资产合计	253 030		所有者权益合计	839 450	
资产总计	1 151 350		负债及所有者权益总计	1 151 350	

单位负责人：张萍　　会计主管：李梅　　复核：林英　　制表：王杰

★问题解析

货币资金＝16 000+314 550+80 000＝410 550（元）

应收账款＝109 500+7 500−9 500＝107 500（元）

预付款项＝43 000+3 000＝46 000（元）

存货＝15 000+214 000+50 230+50 040+5 000＝33 4270（元）

固定资产＝265 670−12 640＝253 030（元）

应付账款＝21 000+8 000＝29 000（元）

预收款项＝90 500+20 000＝110 500（元）

长期借款＝36 000−10 000＝26 000（元）

未分配利润＝510 500−7 450＝503 050（元）

◇点睛指导

编制资产负债表的理论依据是会计恒等式，即“资产＝负债+所有者权益”；编制资产负债表的金额依据是资产、负债、所有者权益三大类账户的期末余额。

知识拓展

从2024年起，企业数据将作为资产被纳入会计报表。

数据，是数字化经济时代的生产要素，是企业重要的资产，是企业发展经营的重要依据。为了规范企业数据资源相关会计处理，强化相关会计信息披露，近日财政部制定印发了《企

业数据资源相关会计处理暂行规定》（以下简称《暂行规定》），自 2024 年 1 月 1 日起施行。简单来说就是，2024 年起，企业数据将作为资产被纳入会计报表。

《暂行规定》明确了适用范围和数据资源会计处理适用的准则，以及列示和披露要求。要求企业应当根据重要性原则并结合实际情况增设报表子项目，通过表格方式细化披露，并规定企业可根据实际情况自愿披露数据资源（含未作为无形资产或存货确认的数据资源）的应用场景，引导企业主动加强数据资源相关信息披露。

知识拓展 1：数据资源定义

数据资源是指企业按照企业会计准则相关规定确认为无形资产或存货等资产类别的数据资源，以及企业合法拥有或控制的、预期会给企业带来经济利益的，但由于不满足企业会计准则相关资产确认条件而未确认为资产的数据资源。

知识拓展 2：现在企业如何保障数据安全？

企业保障数据安全的工具比较多，例如堡垒机、防火墙、数据库审计、文档加密、杀毒软件，等等。这里重点推荐堡垒机，堡垒机即在一个特定的网络环境下，为了保障网络和数据不受来自外部和内部用户的入侵和破坏，而运用各种技术手段监控和记录运维人员对网络内的服务器、网络设备、安全设备、数据库等设备的操作行为，以便集中报警、及时处理及审计定责。

资料来源：中华人民共和国财政部关于印发《企业数据资源相关会计处理暂行规定》的通知

职业能力训练

1. 判断题（下列答案中正确的打“√”，错误的打“×”）

（1）资产负债表是反映企业在某一日期财务状况的会计报表 。（　　）

（2）资产负债表“货币资金”项目，反映的是企业库存现金和银行结算户存款两者的合计数。（　　）

（3）公司 2023 年 5 月 31 日，相关账户的余额如下：“生产成本”账户借方余额 45 000 元；“库存商品”账户借方余额 36 700 元；“原材料”账户借方余额 78 000 元；“在途物资”账户借方余额 6 000 元；存货项目填列的金额是 165 700 元。（　　）

2. 选择题（下列答案中有一项或者多项是正确的）

（1）按照我国会计准则的要求，资产负债表采用的格式是（　　）。

A. 单步报告式　　B. 多步报告式

C. 账户式　　D. 多栏式

（2）按现行制度规定属于年度财务报表的是（　　）。

A. 资产负债表　　B. 利润表

C. 现金流量表　　D. 所有者权益变动表

（3）华夏公司在年末固定资产账户借方余额为400 000元，累计折旧账户余额为200 000元，则年末资产负债表上固定资产账面价值项目列示的金额为（　　）元。

A. 400 000　　B. 300 000　　C. 100 000　　D. 200 000

（4）资产负债表的下列项目中，需要根据几个总账账户的期末余额进行汇总填列的是（　　）。

A. 应收账款　　B. 短期借款

C. 货币资金　　D. 累计折旧

（5）下列属于资产负债表所有者权益项目下列示的是（　　）。

A. 资本公积　　B. 库存现金

C. 盈余公积　　D. 未分配利润

任务三　掌握利润表的编制

利润表列报的利润数额，是企业投资者、债权人及其他经济利益关联方重点关注的内容，关系着企业的生存和发展。通过解读企业利润表，报表使用者可获得有效信息，满足其相关活动的需要。

一、利润表的概念

利润表是指反映企业在一定会计期间（年度、月度）经营成果的会计报表，即实现的收入和发生的费用以及利润（或亏损）形成情况的会计报表。利润表是动态报表。

二、利润表的编制依据

利润表的编制依据是收入与费用的配比原则，即：收入-费用=利润。

三、利润表的结构

在我国，企业利润表采用的是多步式结构，即通过对当期的收入、费用、支出项目按性质加以归类，按利润形成的主要环节列示一些中间利润指标，分步计算当期净损益。

此外，为了使报表使用者通过比较不同期间利润的实现情况，判断企业经营成果的未来发展趋势，利润表就各项目再分为“本期金额”和“上期金额”两栏分别填列。

四、利润表的编制方法

1. “上期金额”栏各项目

根据上年同期利润表中的“本期金额”栏内数字填列。

2. “本期金额”栏各项目

利润表的编制

根据本期相关账户的发生额分析填列。具体填列方法如下：

(1)“营业收入”项目：根据“主营业务收入”和“其他业务收入”两个科目的发生额分析填列。

(2)“营业成本”项目：根据“主营业务成本”和“其他业务成本”两个科目的发生额分析填列。

(3)“营业利润”项目：以营业收入为起点，减去营业成本、税金及附加、销售费用、管理费用、研发费用、财务费用，加上其他收益、投资收益（或减去投资损失）、公允价值变动收益（或减去公允价值变动损失）、资产减值损失（损失以“-”号填列）等，计算出营业利润。

(4)“利润总额”项目：在营业利润的基础上，加上营业外收入，再减去营业外支出，计算出利润总额。

(5)“净利润”项目：在利润总额的基础上，减去所得税费用，计算出净利润（或净亏损）。

(6)“综合收益总额”项目：以净利润（或净亏损）和其他综合收益为基础，计算出综合收益总额。

(7)“每股收益”项目：以净利润（或净亏损）为基础，计算出每股收益。

采用多步式利润表，充分反映营业利润、利润总额、净利润等指标；还可以用来较为准确地评价企业管理部门的管理效能，便于对企业经营情况进行分析，进行不同企业之间的比较，预测企业今后的盈利能力。

任务实施

★案例资料

财贸公司 2024 年 4 月各损益类账户发生额如表 6-7 所示。

表 6-7　损益类账户发生额

2024 年 4 月　　单位：元

账户名称	本期发生额	
	借方	贷方
主营业务收入		550 000
主营业务成本	370 000	
税金及附加	9 350	
其他业务收入		8 000
其他业务成本	4 000	
投资收益		23 500
销售费用	5 000	
管理费用	30 000	
财务费用	3 000	
营业外收入		1 500
营业外支出	2 500	
所得税费用	48 050	

财贸公司编制 2024 年 4 月的利润表，如表 6-8 所示。

表 6-8　利润表

会企 02 表

编制单位：财贸公司　　2024 年 4 月　　单位：元

项目	本期金额	上期金额
一、营业收入	558 000	（略）
减：营业成本	374 000	
税金及附加	9 350	
销售费用	5 000	
管理费用	30 000	
研发费用		
财务费用	3 000	
其中：利息费用		
利息收入		
加：其他收益		
投资收益（损失以“-”号填列）	23 500	

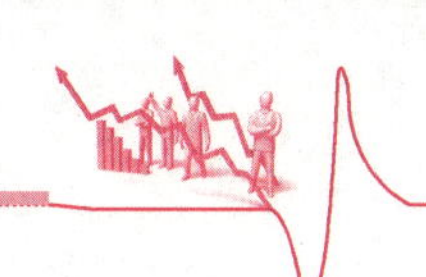

续表

项目	本期金额	上期金额
公允价值变动收益（损失以“-”号填列）		
资产减值损失（损失以“-”号填列）		
信用减值损失（损失以“-”号填列）		
资产处置收益（损失以“-”号填列）		
二、营业利润（亏损以“-”号填列）	160 150	
加：营业外收入	1 500	
减：营业外支出	2 500	
三、利润总额（亏损总额以“-”号填列）	159 150	
减：所得税费用	48 050	
四、净利润（净亏损以“-”号填列）	111 100	
（一）持续经营净利润（净亏损以“-”号填列）	111 100	
（二）终止经营净利润（净亏损以“-”号填列）		
五、其他综合收益的税后净额		
……		
六、综合收益总额	111 100	
七、每股收益		
（一）基本每股收益		
（二）稀释每股收益		

单位负责人：张萍　　　会计主管：李梅　　　复核：林英　　　制表：王杰

★问题解析

营业收入＝550 000+8 000＝558 000（元）

营业成本＝370 000+4 000＝374 000（元）

营业利润＝558 000－374 000－9 350－5 000－30 000－3 000+23 500＝160 150（元）

利润总额＝160 150+1 500－2 500＝159 150（元）

净利润＝159 150－48 050＝111 100（元）

◇点睛指导

利润表的理论依据是“收入－费用＝利润”；利润表的金额依据是各损益类账户的发生额。

职业能力训练

1. 判断题（下列答案中正确的打“√”，错误的打“×”）

（1）营业利润减去管理费用、销售费用、财务费用和所得税后得到的净利润。（　　）

（2）利润表可以帮助报表使用者分析企业某一特定日期的经营成果和利润的未来发展趋势。（　　）

（3）利润表中“营业成本”项目，包括主营业务成本、其他业务成本和生产成本。（　　）

2. 选择题（下列答案中有一项或者多项是正确的）

（1）为了反映利润的形成情况，我国现行的利润表结构一般采用（　　）结构。

A. 单步式　　B. 多步式　　C. 账户式　　D. 报告式

（2）在利润表上，利润总额减去（　　）后，得出净利润。

A. 管理费用和财务费用　　B. 增值税

C. 营业外收支净额　　D. 所得税费用

（3）在会计报表中，编制利润表的理论依据是（　　）。

A. 资产＝负债＋所有者权益　　B. 资产＝负债＋所有者权益＋收入－费用

C. 收入－费用＝利润　　D. 资产＝负债＋所有者权益＋利润

（4）下列中会影响营业利润的是（　　）。

A. 投资收益　　B. 营业外收入

C. 资产减值损失　　D. 公允价值变动收益

（5）下列各项中，不会引起利润总额增减变化的是（　　）。

A. 销售费用　　B. 所得税费用

C. 管理费用　　D. 营业外支出

任务四　财务报表综合实务

任务目标

会计报表是综合反映会计主体财务状况和经营成果的书面文件，它是根据日常会计核算资料分类、整理和汇总后编制形成的，是会计核算的最终成果。通过本实训，使学生掌握资产负债表和利润表的理论基础，熟悉资产负债表和利润表的基本结构，熟练掌握资产负债表和利润表编制的方法。

任务实施

★案例资料

财贸公司 2024 年 4 月账户试算平衡表如表 6-9 所示。

表 6-9 账户试算平衡表

编制单位：财贸公司 2024 年 4 月 30 日 单位：元

账户名称	期初余额		本期发生额		期末余额	
	借方	贷方	借方	贷方	借方	贷方
库存现金	34 000		3 035	1 400	35 635	
银行存款	2 650 000		685 300	64 500	3 270 800	
交易性金融资产	3 000 000				3 000 000	
应收票据	185 000		87 750		272 750	
应收利息	40 000				40 000	
应收账款	1 200 000				1 200 000	
坏账准备		12 000				12 000
预付账款	205 000				205 000	
其他应收款	8 000		500	500	8 000	
材料采购	100 000				100 000	
原材料	1 480 000		50 000	67 000	1 463 000	
库存商品	320 000		110 400	67 323	363 077	
固定资产	12 000 000				12 000 000	
累计折旧		1 800 000		6 500		1 806 500
无形资产	1 000 000				1 000 000	
短期借款		1 000 000		30 000		1 030 000
应付票据		230 000				230 000
应付账款		585 000	58 500	58 500		585 000
应付利息		10 000		2 100		12 100
预收账款		300 000				300 000
应付职工薪酬		287 000		50 000		337 000
其他应付款		3 000				3 000
应交税费		375 000	8 500	321 162		687 662
长期借款		2 000 000				2 000 000
应付债券		1 000 000				1 000 000
实收资本		12 000 000		500 000		12 500 000
资本公积		1 220 000				1 220 000
盈余公积		800 000				800 000

续表

账户名称	期初余额		本期发生额		期末余额	
	借方	贷方	借方	贷方	借方	贷方
本年利润		280 000	380 000	215 000		115 000
利润分配		320 000				320 000
生产成本			110 400	110 400		
制造费用			12 400	12 400		
主营业务收入			165 000	165 000		
其他业务收入			15 000	15 000		
营业外收入			50 000	50 000		
主营业务成本			67 323	67 323		
其他业务成本			8 000	8 000		
税金及附加			1 955	1 955		
管理费用			14 465	14 465		
销售费用			3 000	3 000		
财务费用			2 100	2 100		
所得税费用			31 539.25	31 539.25		
合计	22 222 000	22 222 000	1 865 167.25	1 865 167.25	22 958 262	22 958 262

★技能考核

【考核要求】根据试算平衡表编制财贸公司2024年4月资产负债表和利润表，如表6-10、表6-11所示。

表6-10　资产负债表　　　　会企01表

编制单位：财贸公司　　　　2024年4月30日　　　　单位：元

资产	期末余额	上年年末余额	负债及所有者权益	期末余额	上年年末余额
流动资产：			流动负债：		
货币资金	（略）	短期借款	（略）		
交易性金融资产			应付票据		
应收票据			应付账款		
应收账款			预收款项		
预付款项			应付职工薪酬		

续表

资产	期末余额	上年年末余额	负债及所有者权益	期末余额	上年年末余额
其他应收款			应交税费		
存货			其他应付款		
一年内到期的非流动资产			一年内到期的非流动负债		
流动资产合计			流动负债合计		
非流动资产：			非流动负债：		
长期应收款			长期借款		
长期股权投资			应付债券		
固定资产			非流动负债合计		
在建工程			负债合计		
生产性生物资产			所有者权益：		
无形资产			实收资本		
商誉			资本公积		
长期待摊费用			盈余公积		
其他非流动资产			未分配利润		
非流动资产合计			所有者权益合计		
资产总计			负债及所有者权益总计		

单位负责人：张萍会计主管：李梅　　　　　复核：林英　　　　　制表：王杰

表 6-11　利润表　　　　会企 02 表

编制单位：财贸公司　　　　2024 年 4 月　　　　单位：元

项目	本期金额	上期金额
一、营业收入		（略）
减：营业成本		
税金及附加		
销售费用		
管理费用		
研发费用		
财务费用		

续表

项目	本期金额	上期金额
其中：利息费用		
利息收入		
加：其他收益		
投资收益（损失以“-”号填列）		
公允价值变动收益（损失以“-”号填列）		
资产减值损失（损失以“-”号填列）		
信用减值损失（损失以“-”号填列）		
资产处置收益（损失以“-”号填列）		
二、营业利润（亏损以“-”号填列）		
加：营业外收入		
减：营业外支出		
三、利润总额（亏损总额以“-”号填列）		
减：所得税费用		
四、净利润（净亏损以“-”号填列）		
（一）持续经营净利润（净亏损以“-”号填列）		
（二）终止经营净利润（净亏损以“-”号填列）		
五、其他综合收益的税后净额		
……		
六、综合收益总额		
七、每股收益		
（一）基本每股收益		
（二）稀释每股收益		

单位负责人：张萍　　会计主管：李梅　　复核：林英　　制表：王杰

任务五　了解会计档案管理办法

会计档案是总结经验、揭露责任事故、打击经济领域犯罪、分析和判断事故原因的重要

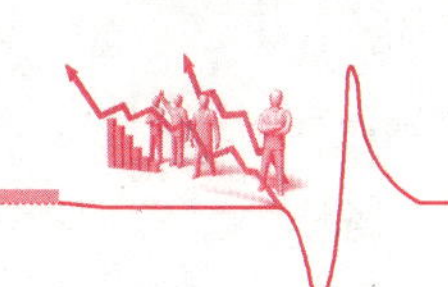

依据。通过会计档案，可以了解单位各项经济业务的来龙去脉，检查单位是否遵守财经纪律。会计档案管理工作的严谨性很强，要求工作人员具有缜密的思维，细心地进行工作，将档案管理工作完善到实处，使档案管理问题得到切实的解决，从而在促进会计工作发展的同时，促进社会的进步。

知识精讲

会计档案是记录和反映企业、行政事业单位所发生经济业务事项的重要历史资料和证据。会计档案一般包括会计核算中形成的会计凭证、会计账簿、财务会计报告及其他会计核算资料。

一、会计档案的内容

会计档案具体包括以下几类：

（一）会计凭证类

会计凭证类包括原始凭证、记账凭证、汇总原始凭证和其他会计凭证。

（二）会计账簿类

会计账簿类包括总账、日记账、明细账和其他会计账簿。

（三）财务报告类

财务报告类包括中期、年度和其他财务报告。财务报告中包括会计报表主表、附表、附注及文字说明。

（四）其他类

其他类包括银行存款余额调节表、银行对账单、会计档案移交清册、会计档案保管清册、会计档案销毁清册和其他应当保存的会计核算专业资料。

二、会计档案的管理部门

各级人民政府财政部门和档案行政管理部门共同负责会计档案工作的指导、监督和检查工作。

三、会计档案的归档和保管

《会计法》规定，在每一个会计期间结束后，会计人员应对当期形成的会计档案进行严格的审核，以确保会计档案的准确、完整。在此基础上，由财务会计部门按照归档的要求，负责装订成册，立卷保存。

各单位保存的会计档案一般不得对外借出。如有特殊需要，须经本单位负责人批准并按规定办理登记手续。

会计档案应当科学管理、妥善保存、有序存放、查找方便，并严防毁损、散失和泄密。

四、会计档案的移交

当年形成的会计档案，在会计年度终了后，可由单位会计管理机构临时保管 1 年，再移交单位档案管理机构保管。因工作需要确需推迟移交的，应当经单位档案管理机构同意。

移交本单位档案机构保管的会计档案，原则上应当保持原卷册的封装。个别需要拆封重新整理的，档案机构应当会同会计机构和经办人员共同拆封整理，以分清责任。

单位之间交接会计档案的，交接双方应当办理会计档案交接手续。移交会计档案的单位，应当编制会计档案移交清册，列明应当移交的会计档案名称、卷号、册数、起止年度和档案编号、应保管期限、已保管期限等内容。交接会计档案时，交接双方应当按照会计档案移交清册所列内容逐项交接，并由交接双方的单位负责人负责监交。交接完毕后，交接双方经办人和监交人应当在会计档案移交清册上签名或者盖章。

五、会计档案的保管期限

会计档案的保管期限分为永久和定期两类。定期保管的会计档案期限一般分为 10 年和 30 年。会计档案的保管期限，从会计年度终了后的第一天算起。

会计档案的内容及保管期限如表 6-12 所示。

表 6-12　会计档案的内容及保管期限

序号	档案名称	保管期限	备注
一	会计凭证		
1	原始凭证	30 年	
2	记账凭证	30 年	
二	会计账簿		
3	总账	30 年	
4	明细账	30 年	
5	日记账	30 年	
6	固定资产卡片		固定资产报废清理后保管 5 年
7	其他辅助性账簿	30 年	
三	财务会计报告		

续表

序号	档案名称	保管期限	备注
8	月度、季度、半年度财务会计报告	10 年	
9	年度财务会计报告	永久	
四	其他会计资料		
10	银行存款余额调节表	10 年	
11	银行对账单	10 年	
12	纳税申报表	10 年	
13	会计档案移交清册	30 年	
14	会计档案保管清册	永久	
15	会计档案销毁清册	永久	
16	会计档案鉴定意见书	永久	

职业能力训练

1. 判断题（下列答案中正确的打“√”，错误的打“×”）

（1）合同、计划书、制度等文件材料都属于会计档案的内容。（　　）

（2）会计档案的保管期限从会计年度终了后的第一天算起。（　　）

（3）企业的主管部门、财税部门、银行等部门在收到所属单位提供的财务报表后，应根据国家法令、法规及会计准则的要求进行认真的审核并提出批复意见。（　　）

2. 选择题（下列答案中有一项或者多项是正确的）

（1）会计档案保管期限分为永久和定期两类，定期保管会计档案的最长期限是（　　）。

A. 10 年　　B. 20 年　　C. 30 年　　D. 永久保管

（2）年度财务报表的保管期限是（　　）。

A. 10 年　　B. 15 年　　C. 30 年　　D. 永久保管

（3）会计人员办理交接手续，必须有监交人员负责监交，其中会计机构负责人办理交接收续，其监交人是（　　）。

A. 单位负责人　　B. 会计机构负责人　　C. 财政部门领导　　D. 其他会计人员

（4）会计档案一般分为（　　）。

A. 会计凭证类　　B. 会计账簿类　　C. 财务会计报告类　　D. 其他会计资料类

（5）下列各项中，不属于会计档案的为（　　）。

A. 会计档案移交清册　　B. 银行对账单

C. 工商营业执照　　　　　　D. 年度工作计划

（6）属于永久保管的会计档案是（　　）。

A. 年度财务报表　　　　　　B. 季度财务报表

C. 会计档案销毁清册　　　　D. 会计档案保管清册

素养课堂

【主题】坚持学习，守正创新，开创数字新时代

【背景】

党的二十大报告提出建设现代化产业体系的重大任务，强调要“加快发展数字经济，促进数字经济和实体经济深度融合，打造具有国际竞争力的数字产业集群”。我们要深入学习领会习近平总书记关于发展数字经济的重要论述，牢牢抓住数字化变革重要机遇，促进数字经济和实体经济深度融合，赋能传统产业转型升级，催生新产业新业态新模式，不断做强做优做大我国数字经济。

【提示】

在数字经济时代，会计行业发生重大变革，要求会计人员具备新的知识和技能，以应对日益复杂和多样化的会计环境。

一方面，数字经济时代给会计带来了许多挑战。数字经济时代的数据量呈指数级增长，会计人员需要处理海量的数据，进行准确的分类、排序和分析。这要求会计人员具备使用数据处理工具和技术的能力，例如数据挖掘、数据分析和人工智能技术。会计人员需要不断学习和更新自己的知识，以适应新的会计要求和变化。数字经济时代的会计环境也带来了新的风险，包括信息安全的问题、数据造假的风险和网络犯罪等。会计人员需要具备应对和防范这些风险的能力。

另一方面，数字经济时代也给会计带来了许多机遇。数字技术的应用使会计工作更加高效和便捷。自动化和智能化的工具可以简化会计流程，提高工作效率，减少错误和重复劳动。数字经济时代的新业务模式和新领域为会计人员提供了更多的发展机会。数字经济还催生了新兴职业和新的就业机会，如数据分析师、风险管理师和网络安全专家等。这些职业需要会计背景的人才，为会计人员提供了更广阔的发展空间。

【反思】

想一想，在数字经济时代，我们应该怎样提高自己的会计专业综合素质与能力？

项目评价

项目名称	考核内容	分值	考核要求及评分标准	得分
项目六 编制和报送 财务报表	职业能力训练	10	判断正确并能说明理由	
		10	选择正确并能说明理由	
	实务训练	10	积极参与课前调研和学习	
		20	案例分析思路清晰、解析明确	
		20	掌握财务报表的概念、分类和编制方法	
		20	能够根据账簿资料熟练编制财务报表	
	职业素养	5	学习态度严谨，团队协作能力强	
		5	具有良好的职业道德修养	
合计		100	实际总得分	

学生自评

评价内容	评价等级（★★★、★★、★）
课堂互动积极，愿意和老师互动	
能够自主学习，及时解决问题	
积极参与调研，与小组同伴相处融洽	
能够积极主动地完成课堂任务	
能够总结归纳本节课的知识内容	

项目七

综合模拟实务

项目导航

通过前面项目单项学习，大家已掌握了从填制会计凭证到登记会计账簿，最终到编制会计报表的每个项目的实务操作。本项目将结合实例进行会计核算综合实务操作。科学合理地选择适用于本单位的账务处理程序，对有效地组织会计核算具有重要意义。学习时，应对会计基础工作有一个系统、全面的认识，最终将所学的知识转化为基本操作能力，为进一步学习企业财务会计打下坚实的基础。

职业能力目标

1. 了解账务处理程序的概念。

2. 掌握记账凭证账务处理程序的特点、记账程序、优缺点及适用范围，熟悉本程序的账务处理过程，并能熟练地完成期初业务、日常业务和期末业务的会计核算工作。

3. 掌握科目汇总表账务处理程序的特点、记账程序、优缺点及适用范围，熟悉本程序的账务处理过程。

职业素养目标

通过综合模拟实务训练，培养学生规范严谨的职业素养；培育客观公正、提高技能等职业道德；提高学生的会计核算能力，提升职业胜任能力，成为工匠精神的践行者。

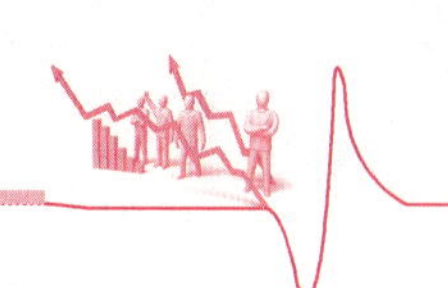

任务一　认识账务处理程序

任务目标

模拟企业实训内容，通过不同账务处理程序进行实务操作。学习时，我们要充分了解企业的基本情况、内部会计制度以及其他实训资料，按照规范的账务处理程序进行相关会计核算工作。

知识精讲

一、账务处理程序的概念

账务处理程序，又称会计核算组织程序或会计核算形式，是指会计凭证、会计账簿、财务报表相结合的方式，包括账簿组织和记账程序。账簿组织是指会计凭证和会计账簿种类、格式，会计凭证与账簿之间的联系方法；记账程序是指从填制、审核原始凭证到填制、审核记账凭证，登记日记账、明细账和总分类账，编制财务报表的工作程序和方法等。

在实际工作中，由于各单位的业务性质不同，规模大小各异，因此所选用的账务处理程序也不尽相同，但其基本模式是一致的，账务处理的基本程序如图 7-1 所示。

经济业务 ⇨ 会计凭证 ⇨ 会计账簿 ⇨ 财务报表

图 7-1　账务处理的基本程序

二、账务处理程序的种类

目前，我国各单位采用的账务处理程序主要有：记账凭证账务处理程序、科目汇总表账务处理程序、汇总记账凭证账务处理程序、多栏式日记账账务处理程序和日记总账账务处理程序。（本项目只介绍记账凭证账务处理程序和科目汇总表账务处理程序。）

各种账务处理程序的主要区别在于登记总分类账的依据和方法不同。记账凭证账务处理程序是最基本的一种，其他账务处理程序都是由此发展、演变而来的。各单位应根据规模大小和经济业务的繁简程度，正确地选择适应本单位的账务处理程序。

三、记账凭证账务处理程序概述

（一）概念和特点

记账凭证账务处理程序是指对于发生的经济业务，先根据原始凭证或汇总原始凭证填制

记账凭证，再直接根据记账凭证登记总分类账的一种账务处理程序。

记账凭证账务处理程序

记账凭证账务处理程序的主要特点是直接根据记账凭证逐笔登记总分类账。记账凭证账务处理程序是最基本的账务处理程序，其他各种账务处理程序都是在此基础上，根据经营管理的要求发展而成的。

（二）程序步骤

在记账凭证账务处理程序下，记账凭证可以采用收款凭证、付款凭证和转账凭证等专用记账凭证的格式，也可采用通用记账凭证的格式。

会计账簿一般应设置三栏式现金日记账和银行存款日记账；总分类账采用三栏式账页格式；明细账可根据核算需要，采用三栏式、多栏式、数量金额式和横线登记式账页格式。

记账凭证账务处理程序的一般步骤是：

①根据原始凭证填制汇总原始凭证。

②根据有关的原始凭证或原始凭证汇总表，填制收款凭证、付款凭证和转账凭证，也可以填制通用记账凭证。

③根据收款凭证和付款凭证逐笔登记库存现金日记账和银行存款日记账。

④根据原始凭证、汇总原始凭证和记账凭证，登记各种明细分类账。

⑤根据记账凭证逐笔登记总分类账。

⑥月末，将库存现金日记账、银行存款日记账和明细分类账的余额与有关总分类账中相应账户余额核对，检查是否相符。

⑦月末，根据总分类账和明细分类账的记录，编制财务报表。

记账凭证账务处理程序如图 7-2 所示。

原始凭证
①
原始凭证汇总
②
收款凭证
付款凭证
转账凭证
③
现金日记账
银行存款日记账
⑥
总分类账
⑤
⑥
明细分类账
④
⑦
财务报表

图 7-2　记账凭证账务处理程序

任务实施

★案例资料

模拟实训企业简介

一、模拟企业基本情况

企业名称：石家庄市财贸有限责任公司（以下简称：财贸公司）

法人企业，属于中小型企业，增值税一般纳税人，增值税税率为13%

地址：石家庄市长安区中山东路297-1号

邮编：050011

法人代表：张萍

会计主管：李梅；记账：王杰；出纳：陈红；复核：林英；制单：宁静

开户银行：中国建设银行石家庄市西大街支行

账号：03116044037

纳税人识别号：911301323345678911

记账本位币：人民币（RMB）

二、模拟企业内部会计制度

（1）该企业采用记账凭证账务处理程序；

（2）原材料按实际成本法核算，发出材料成本核算采用先进先出法；

（3）固定资产采用分类折旧率计算折旧，无形资产摊销期10年；

（4）企业所得税会计核算采用应付税款法，所得税税率为25%；

（5）当月投产的产品当月全部完工，月初月末没有在产品；

（6）库存现金限额核定为5 000元，日常开支审批程序：部门主管初审签字—企业法人终审签字；100元以下日常开支审批程序：部门主管初审签字—财务主管终审签字。

三、模拟企业期初实训资料

2023年12月1日财贸公司有关账户的期初余额如表7-1所示。

表7-1　财贸公司账户的期初余额

2023年12月1日　　　　单位：元

账户名称	期初余额		账户名称	期初余额	
	借方	贷方		借方	贷方
库存现金	34 000		短期借款		1 000 000
银行存款	2 650 000		应付票据		230 000
交易性金融资产	3 000 000		其中：满天星工厂		230 000

续表

账户名称	期初余额		账户名称	期初余额	
	借方	贷方		借方	贷方
应收票据	185 000		应付账款		585 000
其中：紫丁香工厂	185 000		其中：红蔷薇工厂		585 000
应收利息	40 000		应付利息		10 000
应收账款	1 200 000		预收账款		300 000
其中：薰衣草工厂	1 200 000		其中：蝴蝶兰工厂		300 000
坏账准备		12 000	应付职工薪酬		287 000
预付账款	205 000		其中：工资		287 000
其中：郁金香工厂	205 000		其他应付款		3 000
其他应收款	8 000		应交税费		375 000
其中：海利	8 000		其中：未交增值税		375 000
在途物资	100 000		长期借款		2 000 000
其中：A材料	100 000		应付债券		1 000 000
原材料	1 480 000		实收资本		12 000 000
其中：A材料	1 000 000		其中：国家资本		12 000 000
B材料	480 000		资本公积		1 220 000
库存商品	320 000		盈余公积		800 000
其中：甲产品	200 000		其中：法定盈余公积		800 000
乙产品	120 000		本年利润		280 000
固定资产	12 000 000		利润分配		320 000
累计折旧		1 800 000	其中：未分配利润		320 000
无形资产	1 000 000		合　计	22 222 000	22 222 000

★ 技能考核【1】

【考核要求】按照记账凭证账务处理程序，完成全部会计核算工作。

（一）根据上述期初余额表建立并登记日记账（见表7-2、表7-3）、总账（见表7-4~表7-33）和明细账（以下登记明细账内容略）

表 7-2　库存现金日记账　　单位：元

2023 年		凭证号数	摘要	借方	贷方	借或贷	余额
月	日						
12	1		期初余额			借	34 000

表 7-3　银行存款日记账　　单位：元

2023 年		凭证号数	摘要	借方	贷方	借或贷	余额
月	日						
12	1		期初余额			借	2 650 000

表 7-4　库存现金（总账）　　单位：元

2023 年		凭证号数	摘要	借方	贷方	借或贷	余额
月	日						
12	1		期初余额			借	34 000

表 7-5　银行存款（总账）　　单位：元

2023 年		凭证号数	摘要	借方	贷方	借或贷	余额
月	日						
12	1		期初余额			借	2 650 000

表 7-6　交易性金融资产（总账）　　单位：元

2023 年		凭证号数	摘要	借方	贷方	借或贷	余额
月	日						
12	1		期初余额			借	3 000 000

表7-7　应收票据（总账）　　单位：元

2023年		凭证号数	摘要	借方	贷方	借或贷	余额
月	日						
12	1		期初余额			借	185 000

表7-8　应收利息（总账）　　单位：元

2023年		凭证号数	摘要	借方	贷方	借或贷	余额
月	日						
12	1		期初余额			借	40 000

表7-9　应收账款（总账）　　单位：元

2023年		凭证号数	摘要	借方	贷方	借或贷	余额
月	日						
12	1		期初余额			借	1 200 000

表7-10　坏账准备（总账）　　单位：元

2023年		凭证号数	摘要	借方	贷方	借或贷	余额
月	日						
12	1		期初余额			贷	12 000

表7-11　预付账款（总账）　　单位：元

2023年		凭证号数	摘要	借方	贷方	借或贷	余额
月	日						
12	1		期初余额			借	205 000

表 7-12　其他应收款（总账）

单位：元

2023 年		凭证号数	摘要	借方	贷方	借或贷	余额
月	日						
12	1		期初余额			借	8 000

表 7-13　在途物资（总账）

单位：元

2023 年		凭证号数	摘要	借方	贷方	借或贷	余额
月	日						
12	1		期初余额			借	100 000

表 7-14　原材料（总账）

单位：元

2023 年		凭证号数	摘要	借方	贷方	借或贷	余额
月	日						
12	1		期初余额			借	1 480 000

表 7-15　库存商品（总账）

单位：元

2023 年		凭证号数	摘要	借方	贷方	借或贷	余额
月	日						
12	1		期初余额			借	320 000

表 7-16　固定资产（总账）

单位：元

2023 年		凭证号数	摘要	借方	贷方	借或贷	余额
月	日						
12	1		期初余额			借	12 000 000

表 7-17　累计折旧（总账）　　单位：元

2023 年		凭证号数	摘要	借方	贷方	借或贷	余额
月	日						
12	1		期初余额			贷	1 800 000

表 7-18　无形资产（总账）　　单位：元

2023 年		凭证号数	摘要	借方	贷方	借或贷	余额
月	日						
12	1		期初余额			借	1 000 000

表 7-19　短期借款（总账）　　单位：元

2023 年		凭证号数	摘要	借方	贷方	借或贷	余额
月	日						
12	1		期初余额			贷	1 000 000

表 7-20　应付票据（总账）　　单位：元

2023 年		凭证号数	摘要	借方	贷方	借或贷	余额
月	日						
12	1		期初余额			贷	230 000

表 7-21　应付账款（总账）　　单位：元

2023 年		凭证号数	摘要	借方	贷方	借或贷	余额
月	日						
12	1		期初余额			贷	585 000

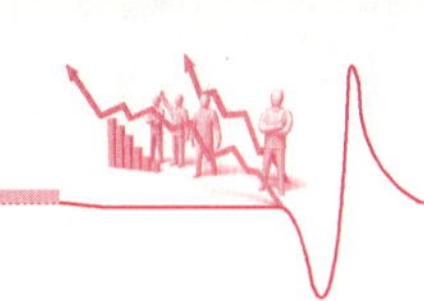

表 7-22　应付利息（总账）　　单位：元

2023 年		凭证号数	摘要	借方	贷方	借或贷	余额
月	日						
12	1		期初余额			贷	10 000

表 7-23　预收账款（总账）　　单位：元

2023 年		凭证号数	摘要	借方	贷方	借或贷	余额
月	日						
12	1		期初余额			贷	300 000

表 7-24　应付职工薪酬（总账）　　单位：元

2023 年		凭证号数	摘要	借方	贷方	借或贷	余额
月	日						
12	1		期初余额			贷	287 000

表 7-25　其他应付款（总账）　　单位：元

2023 年		凭证号数	摘要	借方	贷方	借或贷	余额
月	日						
12	1		期初余额			贷	3 000

表 7-26　应交税费（总账）　　单位：元

2023 年		凭证号数	摘要	借方	贷方	借或贷	余额
月	日						
12	1		期初余额			贷	375 000

表 7-27　长期借款（总账）

单位：元

2023 年		凭证号数	摘要	借方	贷方	借或贷	余额
月	日						
12	1		期初余额			贷	2 000 000

表 7-28　应付债券（总账）

单位：元

2023 年		凭证号数	摘要	借方	贷方	借或贷	余额
月	日						
12	1		期初余额			贷	1 000 000

表 7-29　实收资本（总账）

单位：元

2023 年		凭证号数	摘要	借方	贷方	借或贷	余额
月	日						
12	1		期初余额			贷	12 000 000

表 7-30　资本公积（总账）

单位：元

2023 年		凭证号数	摘要	借方	贷方	借或贷	余额
月	日						
12	1		期初余额			贷	1 220 000

表 7-31　盈余公积（总账）

单位：元

2023 年		凭证号数	摘要	借方	贷方	借或贷	余额
月	日						
12	1		期初余额			贷	800 000

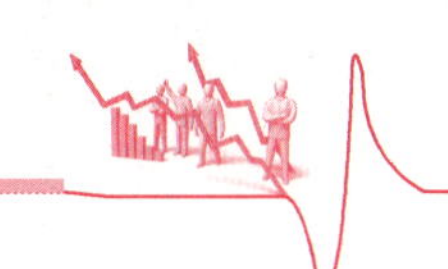

表 7-32　本年利润（总账）

单位：元

2023 年		凭证号数	摘要	借方	贷方	借或贷	余额
月	日						
12	1		期初余额			贷	280 000

表 7-33　利润分配（总账）

单位：元

2023 年		凭证号数	摘要	借方	贷方	借或贷	余额
月	日						
12	1		期初余额			贷	320 000

（二）按照以下经济业务（原始凭证或原始凭证汇总表）编制记账凭证（原始凭证略）

（1）1 日，收到国家投入货币资金 500 000 元，存入银行。据此编制记账凭证，如表 7-34 所示。

表 7-34　收款凭证

银收字第 1 号

2023 年 12 月 1 日

借方科目：银行存款

摘　　要	贷　　方		金　　额											√
	总账科目	明细科目	亿	千	百	十	万	千	百	十	元	角	分	
收到投资款	实收资本	国家资本				5	0	0	0	0	0	0	0	√
合　　计					¥	5	0	0	0	0	0	0	0	√

附单据 2 张

会计主管：李梅　　记账：王杰　　出纳：陈红　　复核：林英　　制单：宁静

（2）5 日，向银行借入期限为 6 个月的借款 30 000 元，存入公司银行账户。据此编制记账凭证，如表 7-35 所示。

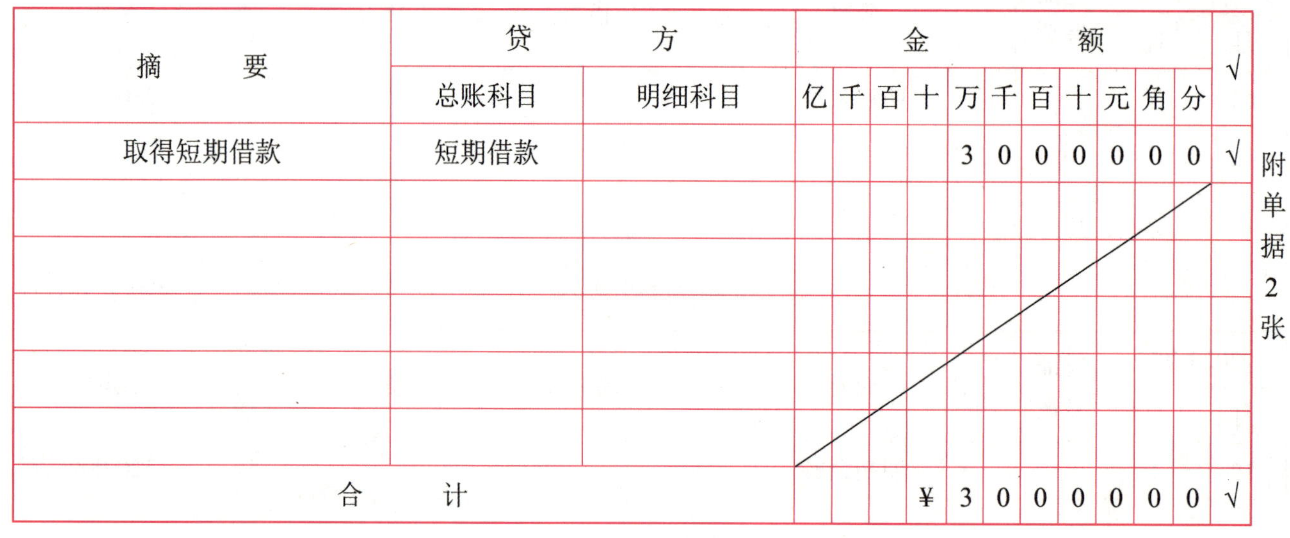

表 7-35　收款凭证

银收字第 2 号

2023 年 12 月 5 日

借方科目：银行存款

摘要	贷方		金额											√
	总账科目	明细科目	亿	千	百	十	万	千	百	十	元	角	分	
取得短期借款	短期借款						3	0	0	0	0	0	0	√
合计						¥	3	0	0	0	0	0	0	√

附单据 2 张

会计主管：李梅　　记账：王杰　　出纳：陈红　　复核：林英　　制单：宁静

（3）6 日，从红蔷薇工厂购入 A 材料 5 000 千克，买价 50 000 元，增值税进项税额 6 500 元。款项尚未支付，材料同时验收入库。据此编制记账凭证，如表 7-36 所示。

表 7-36　转账凭证

2023 年 12 月 6 日

转字第 1 号

摘要	总账科目	明细科目	借方金额											贷方金额											√
			亿	千	百	十	万	千	百	十	元	角	分	亿	千	百	十	万	千	百	十	元	角	分	
购料	原材料	A 材料					5	0	0	0	0	0	0												√
	应交税费	应交增值税（进项税额）						6	5	0	0	0	0												√
	应付账款	红蔷薇工厂																5	6	5	0	0	0	0	√
合计						¥	5	6	5	0	0	0	0				¥	5	6	5	0	0	0	0	

附单据 2 张

会计主管：李梅　　记账：王杰　　出纳：　　复核：林英　　制单：宁静

（4）8 日，用银行存款支付前欠红蔷薇工厂购料款 56 500 元。据此编制记账凭证，内容略。

（5）10 日，从银行提取现金 3 000 元，以备日常开销。据此编制记账凭证，内容略。

（6）11 日，用现金支付管理部门业务招待费 500 元。据此编制记账凭证，内容略。

（7）12 日，用现金购入办公用品（取得增值税普通发票）。其中：生产车间 100 元，管

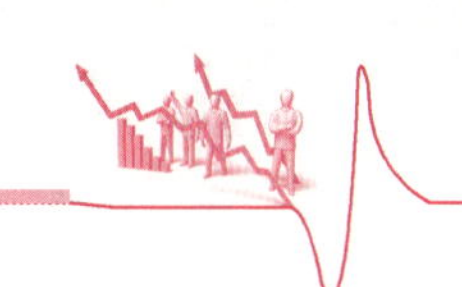

理部门 300 元。据此编制记账凭证，内容略。

（8）14 日，采购员海利出差，预借差旅费 500 元，以现金支付。据此编制记账凭证，内容略。

（9）15 日，销售给蓝月亮工厂甲产品 300 件，每件售价 300 元，计 90 000 元，增值税销项税额 11 700 元，款项已收存银行存款户。据此编制记账凭证，内容略。

（10）18 日，用银行存款支付销售部门电费 3 000 元，按规定允许抵扣的增值税税额为 390 元。据此编制记账凭证，内容略。

（11）20 日，公司收到天山公司的违约罚款利得 50 000 元，转作营业外收入，当即存入银行存款户。据此编制记账凭证，内容略。

（12）22 日，采购员海利出差回来，报销差旅费 465 元，退回差旅费剩余款 35 元。其中住宿费 226.12 元，增值税税额 13.56 元；培训费 212.57 元，增值税税额 12.75 元。据此编制记账凭证，内容略。（提示：若采用专用记账凭证，该业务需要编制两张记账凭证。）

（13）28 日，销售给紫丁香工厂乙产品 250 件，每件售价 300 元，计 75 000 元，增值税销项税额 9 750 元，公司收到一张已承兑的包含全部款项的商业汇票。据此编制记账凭证，内容略。

（14）31 日，预提本月银行短期借款利息 2 100 元。据此编制记账凭证，内容略。

（15）31 日，根据领料凭证汇总表，本月领用材料如表 7-37 所示。据此编制记账凭证，内容略。

表 7-37　领料凭证汇总表　　单位：元

材料种类	领料部门及用途				金额合计
	甲产品	乙产品	车间耗用	管理部门	
A 材料	40 000	5 000			45 000
B 材料		18 000	3 000	1 000	22 000
合　计	40 000	23 000	3 000	1 000	67 000

（16）31 日，分配本月职工薪酬 50 000 元，其中：生产甲产品工人工资 20 000 元，生产乙产品工人工资 15 000 元，生产车间管理人员工资 5 000 元，企业管理人员工资 10 000 元。据此编制记账凭证，内容略。

（17）31 日，计提本月固定资产折旧 6 500 元，其中生产车间固定资产折旧 4 300 元，企业管理部门固定资产折旧 2 200 元。据此编制记账凭证，内容略。

（18）31 日，归集计算出本月发生的制造费用总额是 12 400 元，按照工资比例分配，其中甲产品负担 7 086 元，乙产品负担 5 314 元。据此编制记账凭证，内容略。

（19）31 日，结转本月完工入库产品的生产成本。其中：甲产品 500 件全部完工，总成本

67 086 元，乙产品 400 件全部完工，总成本 43 314 元。据此编制记账凭证，内容略。

（20）31 日，结转本月销售甲产品 300 件的生产成本 40 252 元，销售乙产品 250 件的生产成本 27 071 元。据此编制记账凭证，内容略。

（21）31 日，计算本月应缴纳的增值税税额，同时以增值税税额为计税依据计算本月应缴纳的城市维护建设税（适用税率 7%）和教育费附加（适用费率 3%）。据此编制记账凭证，内容略。

（22）31 日，公司缴纳上月未交增值税 375 000 元，以银行存款付讫。据此编制记账凭证，内容略。

（23）31 日，月末公司将本月应交未交增值税 14 533. 69 元进行结转。据此编制记账凭证，内容略。（提示：对于当月应交未交的增值税，借记“应交税费——应交增值税（转出未交增值税）”科目，贷记“应交税费——未交增值税”科目。）

（24）31 日，将损益类有关收益账户的余额结转“本年利润”账户。其中：主营业务收入 165 000 元（甲产品 90 000 元，乙产品 75 000 元），营业外收入 50 000 元。据此编制记账凭证，内容略。

（25）31 日，将损益类有关费用账户的余额结转“本年利润”账户，其中：主营业务成本 67 323 元（甲产品 40 252 元，乙产品 27 071 元），税金及附加 1 453. 37 元，销售费用 3 000 元，管理费用 14 438. 69 元，财务费用 2 100 元。据此编制记账凭证，内容略。（提示：该业务编制记账凭证时，由于科目较多需要两张记账凭证完成，因此该笔记账凭证涉及分数编号。）

（26）31 日，按本月实现的利润总额 126 684. 94 元，计算并结转应缴纳的所得税。（假设无纳税调整事项）。据此编制记账凭证，内容略。

（27）31 日，年末计算并结转全年累计实现的净利润 375 013. 7 元。据此编制记账凭证，内容略。

（三）根据上述记账凭证登记库存现金日记账、银行存款日记账（见表 7-38、表 7-39）

表 7-38　现金日记账

单位：元

2023 年		凭证号数	摘要	借方	贷方	借或贷	余额
月	日						
12	1		期初余额			借	34 000
	10	银付 2	提取现金	3 000		借	37 000
			略				
		……	……	…	…		…

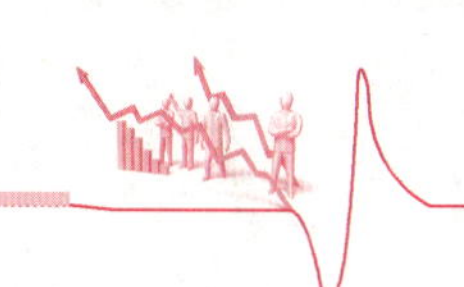

表 7-39　银行存款日记账

单位：元

2023 年		凭证号数	摘要	借方	贷方	借或贷	余额
月	日						
12	1		期初余额			借	2 650 000
	1	银收 1	国家投资	500 000		借	3 150 000
			略				
		……	……	…	…		…

（四）根据上述原始凭证和记账凭证登记明细分类账簿

为了简化业务，本教材只列生产成本明细账和其他应收款明细账，如表 7-40～表 7-42 所示，其他明细分类账略。

表 7-40　生产成本明细分类账

明细科目：A 产品

单位：元

2023 年		凭证号数	摘要	借方			贷方	借或贷	余额
月	日			直接材料	直接人工	制造费用			
12	31	转 5	生产领料	40 000				借	40 000
	20	转 6	分配工资费		20 000			借	60 000
	31	转 8	分配制造费用			7 086		借	67 086
	31	转 9	结转完工产品成本				67 086	平	ø

表 7-41　生产成本明细分类账

明细科目：B 产品

单位：元

2023 年		凭证号数	摘要	借方			贷方	借或贷	余额
月	日			直接材料	直接人工	制造费用			
12	31	转 5	生产领料	23 000				借	23 000
	20	转 6	分配工资费		15 000			借	38 000
	31	转 8	分配制造费用			5 314		借	43 314
	31	转 9	结转完工产品成本				43 314	平	ø

表 7-42 其他应收款明细分类账

明细科目：海利　　　　单位：元

2023 年		凭证号数	摘要	借方	贷方	借或贷	余额
月	日						
12	1		期初余额			借	8 000
	14	现付 3	海利预借差旅费	500		借	8 500
	22	转 2	海利报销差旅费		465	借	8 035
	22	现收 1	收回差旅费余款		35	借	8 000

（五）根据上述记账凭证登记总分类账

此处只登记了本月库存现金和银行存款总分类账户，如表 7-43、表 7-44 所示，其他略。

表 7-43 库存现金（总账）　　　　单位：元

2023 年		凭证号数	摘要	借方	贷方	借或贷	余额
月	日						
12	1		期初余额			借	34 000
	10	银付 2	提取现金	3 000		借	37 000
	11	现付 1	支付招待费		500	借	36 500
	12	现付 2	支付办公费		400	借	36 100
	14	现付 3	预借差旅费		500	借	35 600
	22	现收 1	收回差旅费余款	35		借	35 635

表 7-44 银行存款（总账）　　　　单位：元

2023 年		凭证号数	摘要	借方	贷方	借或贷	余额
月	日						
12	1		期初余额			借	2 650 000
	1	银收 1	国家投资	500 000		借	3 150 000
	5	银收 2	取得借款	30 000		借	3 180 000
	8	银付 1	支付购料款		56 500	借	3 123 500
	10	银付 2	提取现金		3 000	借	3 120 500
	15	银收 3	销货收入	101 700		借	3 222 200
	18	银付 3	支付电费		3 390	借	3 218 810

续表

2023 年		凭证号数	摘要	借方	贷方	借或贷	余额
月	日						
	20	银收 4	罚款收入	50 000		借	3 268 810
	31	银付 4	支付上月未交增值税		375 000	借	2 893 810

（六）完成对账

将总分类账与现金日记账、银行存款日记账以及所列明细分类账进行核对，并进行总分类账户试算平衡，如表 7-45、表 7-46 所示。

表 7-45　总分类账和明细分类账对账表

2023 年 12 月 31 日　　单位：元

账户名称	期初余额		本期发生额		期末余额	
	借方	贷方	借方	贷方	借方	贷方
生产成本			110 400	110 400		
——甲产品			67 086	67 086		
——乙产品			43 314	43 314		
其他应收款	8 000		500	500	8 000	
——海利	8 000		500	500	8 000	
库存现金总账	34 000		3 035	1 400	35 635	
库存现金日记账	34 000		3 035	1 400	35 635	
银行存款总账	2 650 000		681 700	437 890	2 893 810	
银行存款日记账	2 650 000		681 700	437 890	2 893 810	

表 7-46　总分类账户试算平衡表

2023 年 12 月 31 日　　单位：元

账户名称	期初余额		本期发生额		期末余额	
	借方	贷方	借方	贷方	借方	贷方
库存现金	34 000		3 035	1 400	35 635	
银行存款	2 650 000		681 700	437 890	2 893 810	
交易性金融资产	3 000 000				3 000 000	
应收票据	185 000		84 750		269 750	
略						
……	…	…	…	…	…	…
合　计	…	…	…	…	…	…

（七）完成结账

进行现金日记账（见表7-47）、银行存款日记账、总分类账（见表7-48、表7-49）和明细分类账结账工作。

表7-47　库存现金日记账　　单位：元

2023年		凭证号数	摘要	借方	贷方	借或贷	余额
月	日						
12	1		期初余额			借	34 000
	10	银付2	提取现金	3 000		借	37 000
			略				
		……	……	…	…		…
	31		本月合计	…	…		…
	31		结转下年				…

表7-48 原材料（总账）　　单位：元

2023年		凭证号数	摘要	借方	贷方	借或贷	余额
月	日						
12	1		期初余额			借	1 480 000
	6	转1	材料入库	50 000		借	1 530 000
			略				
		……	……	…	…		…
	31		本月合计	…	…		…
	31		结转下年				…

表7-49　所得税费用（总账）　　单位：元

2023年		凭证号数	摘要	借方	贷方	借或贷	余额
月	日						
12	31	转15	计提所得税费用	31 671. 24		借	31 671. 24
			略				
		……	……	…	…		…
	31		本月合计	…	…		…

（八）编制会计报表

根据总分类账和明细分类账编制会计报表，如表7-50、表7-51所示。

表 7-50　资产负债表

编制单位：　　　　　　　　　　年　　月　　日　　　　　　　　　　单位：

资产	期末余额	上年年末余额	负债及所有者权益	期末余额	上年年末余额
流动资产：			流动负债：		
货币资金		（略）	短期借款		（略）
交易性金融资产			交易性金融负债		
应收票据			应付票据		
应收账款			应付账款		
预付款项			预收款项		
其他应收款			应付职工薪酬		
存货			应交税费		
合同资产			其他应付款		
持有待售资产			持有待售负债		
一年内到期的非流动资产			一年内到期的非流动负债		
流动资产合计			流动负债合计		
非流动资产：			非流动负债：		
债权投资			长期借款		
长期应收款			应付债券		
长期股权投资			非流动负债合计		
固定资产			负债合计		
在建工程			所有者权益：		
生产性生物资产			实收资本（或股本）		
无形资产			资本公积		
商誉			盈余公积		
长期待摊费用			未分配利润		
非流动资产合计			所有者权益合计		
资产总计			负债和所有者权益总计		

单位负责人：　　　　会计主管：　　　　复核：　　　　制表：

表 7-51 利润表

编制单位： 年 月 单位：

项 目	本期金额	上期金额
一、营业收入		
减：营业成本		
税金及附加		
销售费用		
管理费用		
研发费用		
财务费用		
其中：利息费用		
利息收入		
加：其他收益		
投资收益（损失以“-”号填列）		
公允价值变动收益（损失以“-”号填列）		
资产减值损失（损失以“-”号填列）		
信用减值损失（损失以“-”号填列）		
资产处置收益（损失以“-”号填列）		
二、营业利润（亏损以“-”号填列）		
加：营业外收入		
减：营业外支出		
三、利润总额（亏损总额以“-”号填列）		
减：所得税费用		
四、净利润（净亏损以“-”号填列）		
（一）持续经营净利润（净亏损以“-”号填列）		
（二）终止经营净利润（净亏损以“-”号填列）		
五、其他综合收益的税后净额		
……		
六、综合收益总额		
七、每股收益		
（一）基本每股收益		
（二）稀释每股收益		

单位负责人： 会计主管： 复核： 制表：

四、记账凭证核算程序的优缺点及适用范围

（一）优缺点

记账凭证账务处理程序的优点是简单明了、易于理解，总分类账可以较详细地反映经济

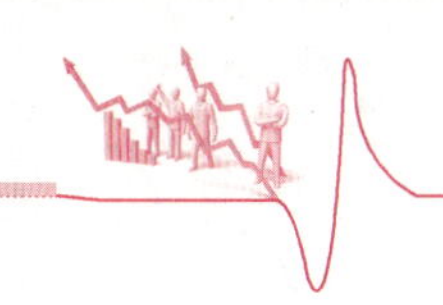

业务的发生情况；缺点是登记总分类账的工作量较大。

（二）适用范围

记账凭证账务处理程序一般适用于规模较小、经济业务量较少的单位。

五、科目汇总表账务处理程序概述

（一）概念和特点

科目汇总表账务处理程序，又称记账凭证汇总表账务处理程序，是指根据记账凭证定期编制科目汇总表，再根据科目汇总表登记总分类账的一种账务处理程序。

科目汇总表账务处理程序

科目汇总表账务处理程序的主要特点是：根据记账凭证定期编制科目汇总表，再根据科目汇总表定期登记总分类账。

（二）程序步骤

在科目汇总表账务处理程序下，记账凭证、会计账簿和会计报表的种类和格式与记账凭证账务处理程序基本相同，只是在记账凭证账务处理程序中需增设科目汇总表。

①经济业务发生以后，根据有关的原始凭证或原始凭证汇总表填制各种记账凭证。

②根据收款凭证和付款凭证逐笔登记现金日记账和银行存款日记账。

③根据记账凭证和原始凭证或原始凭证汇总表逐笔登记明细分类账。

④根据各种记账凭证汇总编制科目汇总表。

⑤根据科目汇总表汇总登记总分类账。

⑥月末，将日记账、明细分类账的余额与总分类账中相应账户余额进行核对。

⑦月末，根据总分类账和明细分类账的资料编制会计报表。

科目汇总表账务处理程序如图 7-3 所示。

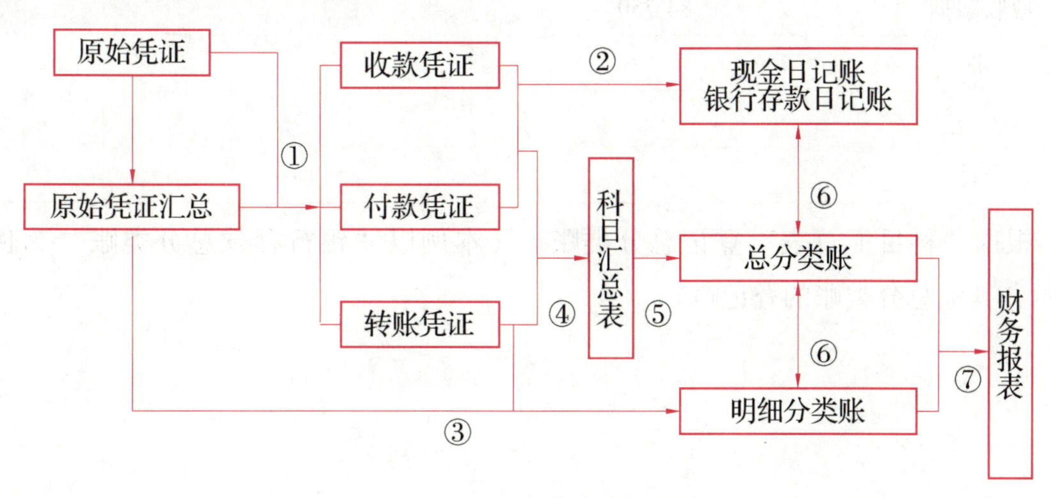

图 7-3　科目汇总表账务处理程序

（三）科目汇总表的编制方法

科目汇总表是具有汇总性质的记账凭证，是根据记账凭证汇总编制而成的，其基本的编制方法是：将一定时期的全部记账凭证，按照相同会计科目进行归类，定期（每10天或15天，或每月一次）分别汇总每一个账户的借、贷双方的发生额，并将其填列在科目汇总表的相应栏内，借以反映该时期全部账户的借、贷方发生额。根据科目汇总表登记总分类账时，只需要将该表中汇总的各科目的借、贷方发生额，分次或月末一次记入相应总分类账的借方或贷方即可。

★ 技能考核【2】

【考核要求】按照科目汇总表账务处理程序，完成全部会计核算工作。

实训要求：

（1）按照经济业务（原始凭证或原始凭证汇总表）编制记账凭证，同记账凭证账务处理程序。

（2）根据上述记账凭证登记库存现金、银行存款日记账，如表7-38、表7-39所示，同记账凭证账务处理程序。

（3）根据上述原始凭证和记账凭证登记明细分类账，同记账凭证账务处理程序。

（4）根据记账凭证编制科目汇总表，如果业务多，可以按旬（10天）编制，本例简化为一个月编制一次，如表7-52所示。

表7-52　科目汇总表　　科汇字第1号

2023年12月31日　　单位：元

会计科目	本期发生额		√
	借方	贷方	
库存现金	3 035	1 400	
银行存款	681 700	437 890	
应收票据	84 750		
略			
……	…	…	
合计	…	…	

附单据　张

（5）根据“科目汇总表”登记总分类账。（本例以“银行存款总分类账”为例，如表7-53所示，其他总分类账的登记略）

表 7–53　银行存款（总账）　　单位：元

2023 年		凭证号数	摘要	借方	贷方	借或贷	余额
月	日						
12	1		期初余额			借	2 650 000
12	31	科汇 1	1—31 日汇总过入	681 700	437 890	借	2 893 810
12	31		本月合计	681 700	437 890	借	2 893 810

（6）总分类账与现金日记账、银行存款日记账、明细分类账核对，并进行总分类账户试算平衡，同记账凭证账务处理程序。

（7）根据总分类账和明细分类账编制财务报表，同记账凭证账务处理程序。

六、科目汇总表账务处理程序的优缺点及适用范围

科目汇总表账务处理程序的优点是：一方面大大减轻登记总分类账的工作量；另一方面还可利用科目汇总表进行发生额的试算平衡，在一定程度上能够保证总分类账登记的正确性。其缺点是：不能反映科目之间的对应关系，不便于查对账目。因此科目汇总表账务处理程序适用于规模大、业务量多的单位。

职业能力训练

分别按照记账凭证账务处理程序和科目汇总表账务处理程序的全部程序步骤，认真规范地完成各项会计核算工作。

任务二　装订和整理会计档案

任务目标

学习时，我们要了解会计凭证、会计账簿和会计报表的装订和整理工作，为下一个会计期间的账务处理做好准备。

知识精讲

会计档案的装订主要包括会计凭证、会计账簿、会计报表及其他文字资料的装订。

一、会计凭证的装订

一般每月装订一次，装订好的凭证按年分月妥善保管归档。

（一）会计凭证装订前的准备工作

（1）分类整理，按顺序排列，检查日数、编号是否齐全。

（2）按凭证汇总日期归集（如按上、中、下旬汇总归集）确定装订成册的本数。

（3）摘除凭证内的金属物（如订书钉、大头针、回形针），将大的张页或附件折叠成同记账凭证大小，且要避开装订线，以便翻阅，保持数字完整。

（4）整理检查凭证顺序号，如有颠倒要重新排列，发现缺号要查明原因。再检查附件有否漏缺，领料单、入库单、工资、奖金发放单是否随附齐全。

（5）记账凭证上有关人员（如会计主管、复核、记账、制单等）的印章是否齐全。

（二）会计凭证装订时的要求

（1）用“三针引线法”装订，装订凭证应使用棉线，在左上角部位打上三个针眼，实行三眼一线打结，结扣应是活的，并放在凭证封皮的里面，装订时尽可能缩小所占部位，使记账凭证及其附件保持尽可能大的显露面，以便于事后查阅。

（2）凭证外面要加封面，封面纸用质好的牛皮纸印制，封面规格略大于所附记账凭证。

（3）装订凭证厚度一般1.5厘米，方可保证装订牢固、美观大方。

（三）会计凭证装订后的注意事项

（1）每本封面上填写好凭证种类、起止号码、凭证张数、会计主管人员和装订人员签章。

（2）在封面上编好卷号，按编号顺序入柜，并要在显露处标明凭证种类编号，以便调阅。

二、会计账簿的装订

各种会计账簿年度结账后，除跨年使用的账簿外，其他账簿应按时整理立卷。基本要求是：

（一）账簿装订前的要求

首先按账簿启用表的使用页数核对各个账户是否相符，账页数是否齐全，序号排列是否连续；然后按会计账簿封面、账簿启用表、账户目录、该账簿按页数顺序排列的账页、会计账簿装订封底的顺序装订。

（二）活页账簿装订要求

（1）保留已使用过的账页，将账页数填写齐全，去除空白页和撤掉账夹，用质地好的牛皮纸做封面、封底，装订成册。

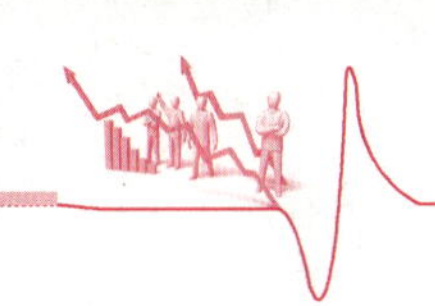

（2）多栏式活页账、三栏式活页账、数量金额式活页账等不得混装，应按同类业务、同类账页装订在一起。

（3）在本账的封面上填写好账目的种类，编好卷号，会计主管人员和装订人（经办人）签章。

（三）账簿装订后的其他要求

（1）会计账簿应牢固、平整，不得有折角、缺角，错页、掉页、加空白纸的现象。

（2）会计账簿的封口要严密，封口处要加盖有关印章。

（3）封面应齐全、平整，并注明所属年度及账簿名称、编号。编号一年一编，编号顺序为总账、现金日记账、银行存款日记账、分类明细账。

（4）会计账簿按保管期限分别编制卷号，如现金日记账全年按顺序编制卷号；总账、各类明细账、辅助账簿全年按顺序编制卷号。

三、会计报表的装订

会计报表编制完成及时报送后，留存的报表按月装订成册，谨防丢失。小企业可按季装订成册。第一，会计报表装订前要按编报目录核对是否齐全，整理报表页数，上边和左边对齐压平，防止折角，如有损坏部位，则应在修补后装订；第二，会计报表装订顺序为：会计报表封面、会计报表编制说明、各种会计报表按编号顺序排列、会计报表的封底；第三，按保管期限编制卷号。

任务实施

★技能实操

会计凭证装订之前，要设计一下，看一个月的记账凭证究竟订成几册为好。每册的厚薄应基本保持一致，厚度一般以 1.5~2.0 厘米为宜。不能把几张同属于一份记账凭证及所附的原始凭证拆开装订在两册之中。另外，还要再次检查一下所附原始凭证是否全部加工折叠、整理完毕。凡超过记账凭证宽度和长度的原始凭证，都要整齐地折叠进去。要特别注意装订线眼处的折叠方法，防止装订以后再也翻不开了。

所有会计凭证都要加具封皮（包括封面和封底）。封皮应采用较为结实、耐磨、韧性较强的牛皮纸等。记账凭证封面应注明单位名称、凭证种类、凭证编号的顺序号码、凭证所反映的经济业务发生的日期、凭证的起止号码、本札凭证的册数和张数，以及有关经办人员的签章。

正式装订时，准备好凭证封皮、铁锥或装订机，以及线绳、铁夹、胶水等。按以下顺序进行装订：

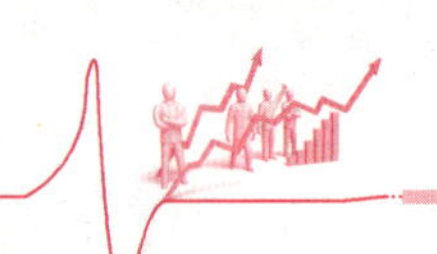

（1）将凭证封面和封底裁开，分别附在凭证前面和后面，再拿一张质地相同的纸，放在封面上面，做护角之用。磕迭整齐，用两个铁夹分别夹住凭证的上侧和左侧。

（2）用铅笔在凭证的左上角画一个边长为 5 厘米的分角线，将直角分成两个 45 度角。

（3）在分角线的适当位置上选两个点打孔作为装订线眼。这两孔的位置可在距左上角的顶端 2~4 厘米的范围内确定。

（4）用缝毛衣针引线绳沿虚线方向穿绕两孔若干次，并在凭证背面打结。

（5）将放在最上方的牛皮纸裁成一条宽 6 厘米左右的包角纸条，先从记账凭证的背面折叠纸条粘贴成直角三角形状。

（6）从正面折叠纸条，粘贴成直角三角形状。

（7）将正面未粘叠的包角纸条向后折叠，裁去一个三角形，与背后的包角纸条重叠、粘牢。

（8）待晾干后，在凭证本的侧脊上面写上“某年某月第几册共几册”的字样。装订人在装订线封签处签字或者盖章。

素养课堂

【主题】工作“细致严谨”，力求“精益求精”，努力推动会计事业高质量发展

【背景】

小任暑期到某化工贸易有限公司财务部实习，协助财务经理做一些工作。该公司是一家中等规模的商贸企业，主营若干类化工产品批发，每个月的采购和销售活动比较多。该公司现阶段还是采用手工方式进行会计账务处理。公司财务部共 6 人：财务经理 1 人，管理日常的会计工作，登记总账，报税和编制财务报表等；出纳 1 人，负责现金和银行存款收付相关业务，登记库存现金日记账和银行存款日记账；会计 3 人，负责凭证编制和明细账登记，其中，1 人负责往来款项和费用业务，1 人负责存货和固定资产业务，1 人负责其他业务的明细账；稽核 1 人，负责会计凭证审核、会计凭证装订和会计档案保管。

【提示】

不同的账务处理流程要与本单位的业务性质、规模大小、繁简程度、经营管理的要求和特点等相适应，有利于加强会计核算工作的分工协作，有利于实现会计控制和监督目标。仅登记明细账或总账无法确保会计数据的真实和完整，因此会计主管登记总账是必要的，但是否将全部记账凭证重新登记一次，取决于企业的账务处理程序。账务处理程序要在保证会计核算工作质量的前提下，力求简化核算手续，节约人力和物力，降低会计信息成本，提高会计核算的工作效率。采用会计信息化软件进行核算时，可以减少明细账和总账的登记工作，从而减少岗位设置。

【反思】

小任学过一些会计课程，知道会计循环的过程大致是填制、审核会计凭证→登记账簿→编制报表。他的疑问是，这些不同的会计岗位之间要如何进行合作完成会计循环工作？三位明细账会计平时依据会计凭证登记了各自负责的明细账，那么财务经理是否需要把这些凭证再全部登记一次总账，这样做是否重复劳动？现在很多企业引入了会计信息化替代手工会计，如果公司利用会计软件进行核算，需要设置的会计岗位和账务处理流程还会和现在一样吗？

项目评价

项目名称	考核内容	分值	考核要求及评分标准	得分
项目七 综合模拟实务	职业能力训练	10	所用知识点正确并能说明理由	
		10	业务流程规范正确并能修正错误	
	实务训练	10	积极参与课前调研和学习	
		20	案例分析思路清晰、解析明确	
		20	掌握记账凭证账务处理程序	
		20	掌握科目汇总表账务处理程序	
	职业素养	5	学习态度严谨，团队协作能力强	
		5	具有良好的职业道德修养	
合计		100	实际总得分	

学生自评	
评价内容	评价等级（★★★、★★、★）
课堂互动积极，愿意和老师互动	
能够自主学习，及时解决问题	
积极参与调研，与小组同伴相处融洽	
能够积极主动地完成课堂任务	
能够总结归纳本节课的知识内容	

参考文献

[1] 陈伟清．基础会计（第六版）[M]．北京：高等教育出版社，2023.
[2] 李群．基础会计与实务（附微课视频）[M]．4 版．北京：人民邮电出版社，2021.
[3] 崔九九，徐黎，杨滨．基础会计学 [M]．上海：立信会计出版社，2020.
[4] 财政部会计财务评价中心．初级会计实务 [M]．北京：经济科学出版社，2023.
[5] 徐哲，李贺．基础会计 [M]．上海：立信会计出版社，2021.